1a. edición, junio 2003.

© *Magia con Ángeles*

© Derechos de edición y traducción cedidos por:
Latinoamericana Editora S.A., Bueno Aires, Argentina.

© 2003, Grupo Editorial Tomo, S.A. de C.V.
Nicolás San Juan 1043, Col. Del Valle
03100 México, D.F.
Tels. 5575-6615, 5575-8701 y 5575-0186
Fax. 5575-6695
http://www.grupotomo.com.mx
ISBN: 970-666-756-3
Miembro de la Cámara Nacional
de la Industria Editorial No 2961

Diseño de Portada: Trilce Romero
Supervisor de producción: Leonardo Figueroa

Impreso en México - *Printed in Mexico*

MAGIA
CON
ANGELES

Prólogo

por ORUS DE LA CRUZ

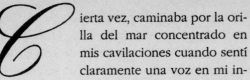

ierta vez, caminaba por la orilla del mar concentrado en mis cavilaciones cuando sentí claramente una voz en mi interior que me decía: *Nuestra misión es hacer que todos los hombres, tú incluido, encuentren su misión. Hacer que los hombres aprendan a escucharnos forma parte de tu misión. Hazles saber cómo llegar a nosotros. Tú encontrarás el camino.* Me detuve estupefacto. Las palabras resonaban en mi mente transportándome casi dos décadas atrás en el tiempo. No era la primera vez que recibía ese mensaje.

A la temprana edad de 13 años, experimenté una de las vivencias más reveladoras de mi existencia. Solo dos días antes había ingresado a un hospital con el propósito de someterme a una cirugía simple, casi de rutina: debían extirparme el apéndice. La intervención fue un éxito y ya estaban a punto de darme el alta cuando, inesperadamente, la temperatura corporal comenzó a elevarse. Transcurrida apenas una hora, los médicos no lograban controlar la fiebre y la zona que rodeaba la herida había comenzado a amoratarse. Según me explicaron tiempo después, yo padecía una infección generalizada, producto de la impericia de la enfermera quien, al trasladarme dormido de la camilla a la cama, me había incrustado mi propio brazo en el vientre.

Me encontré, de pronto, entre la vida y la muerte. Estuve dos semanas en estado de coma, con muchas dificultades para respirar; sufrí, incluso, dos paros cardíacos. Estaba allí, tendido en una cama de cuidados intensivos, inmóvil e inconsciente, cuando una voz me despertó de mi letargo. Alguien me decía: *Nuestra misión es hacer que todos los hombres, tú incluido, encuentren su misión. Hacer que los hombres aprendan a escucharnos forma parte de tu misión. Hazles saber cómo llegar a nosotros. Tú encontrarás el camino.*

De inmediato me invadió una sensación de paz y regocijo. A pesar de mi delicado estado de salud, me sentía lleno de vida e impulsos positivos. Reconocí por ese estado que había trabado contacto con una presencia angélica. Sabía, por mis lecturas y por el relato de muchas personas que habían tenido contacto con los ángeles, que éstos se reconocen por el estado de serena alegría que dejan en nuestro corazón al retirarse luego de habernos impartido una enseñanza, de habernos indicado un camino.

La visita del ángel y mi juventud obraron el milagro: rápidamente logré recuperar la salud y abandonar el hospital. Sin embargo, las palabras pronunciadas por él ángel quedaron en olvido, hasta que -veinte años más tarde- recibí el segundo "llamado". Ahora estaba seguro de que los ángeles me habían asignado una misión y que debía cumplirla. Pero, ¿cómo? ¿De qué modo? ¿Qué era lo que me pedía exactamente el ángel? Si las dos primeras veces se había presentado ante mí sin que yo lo invocara, ahora debía encontrar la manera de establecer nuevamente contacto con él para que me dijera algo más acerca de mi misión.

Conocía bien los procesos de los rituales mágicos, pero no había estudiado aún la magia angélica en profundidad y, por lo tanto, no me sentía capacitado para invocar la presencia angélica. Sin embargo, si bien estaba seguro de que tratar de entender el mensaje de los ángeles supondría un largo camino de crecimiento espiritual, me encontraba lejos de adivinar cuán largo sería ese camino y por qué senderos paralelos y desvíos me llevaría.

Luego de agotar los recursos que tenía más a mano y de indagar entre mis discípulos y conocidos acerca de sus experiencias angélicas, me decidí a emprender un largo viaje por Europa para encontrarme con las fuentes del saber angélico. Pasé horas estudiando manuscritos medievales llamados *grimoires* en los que se relatan apariciones de ángeles y se dan fórmulas para su invocación. Pero aún debía remontarme más atrás en el tiempo si quería profundizar mi saber. Por lo tanto, también rastreé el origen de la magia a través de testimonios babilonios y egipcios. Y cuando hube acumulado suficiente información, comencé a temer saber más con la cabeza que con el corazón. ¿Estaba acercándome a los ángeles realmente? ¿Era el saber el camino que podía llevarme hasta ellos? Fui presa de una intensa angustia y pensé que me estaba alejando del camino apartándome cada vez más de la meta en vez de acercarme a ella. Por muchos días abandoné mis investigaciones y me dediqué a caminar por la orilla del río de mi infancia: el Nilo, ya que había llegado a Egipto en busca de testimonios históricos. Me sentía apesadumbrado, desorientado y desvalido y fue así que, sin tomar en cuenta ningún ritual, invoqué al ángel con mi corazón.

Angel mío -dije para mí, sin despegar siquiera los labios- *no me abandones. Vuelve a colmar mi vida de dicha. Indícame el camino. Díctame lo que debo hacer. Dime dónde está el conocimiento verdadero.*

Entonces volví a escuchar dentro de mí la misma voz que había escuchado aquella vez a la orilla del mar: *Ahora sabes con la mente y con el corazón. Construye un templo para invocarme y estaré a tu lado cada vez que me necesites.*

Volví a sentirme invadido por la dicha y en paz conmigo mismo. Continué caminando con los pies descalzos por la orilla del río de mi infancia y descubrí que aquel escenario no era ajeno a la presencia del ángel. Aquel paisaje agitaba la nebulosa de mi memoria y hacía temblar mi corazón. Allí podía volver a desear con la misma fuerza que da la inocencia de la niñez, por lo que no era extraño que el ángel hubiera hecho su aparición en aquel sitio.

Volví a los libros con mayor confianza y descubrí de qué forma construían sus templos de invocación angélica los antiguos. Sentía que el poder de invocar a los ángeles estaba dentro de mí y que jamás me abandonaría. Por eso, una vez que supe construir el altar, volví a llamar al ángel a mi lado y, esta vez, él acudió obedeciendo a mi voluntad y a la pregunta: *¿Qué debo hacer?*, contestó: *Nuestra misión es hacer que todos los hombres, tú incluido, encuentren su misión. Hacer que los hombres aprendan a escucharnos forma parte de tu misión. Hazles saber cómo llegar a nosotros.*

Sus palabras eran las mismas que las de nuestro primer encuentro, pero esta vez tuve tiempo de consultarle de qué manera debía hacerlo. *Tú has aprendido con la mente y con el corazón*, respondió y agregó: *Ahora sabes cómo buscar nuestra protección y nuestro consejo. Enséñaselo a los otros. Tu misión es hacer que cada vez más personas puedan llegar a nosotros.*
- *¿Pero de qué forma debo mostrarles el camino?*
- *La palabra es la mejor manera, pero hablarle a cada uno te resultará muy difícil. Escribe lo que sabes con la mente y con el corazón, lo que te han enseñado los libros, pero también lo que has sentido en mi presencia.*

Cuando el ángel se fue, supe que había encontrado un hito en el largo camino del conocimiento entrevisto en nuestro primer encuentro. Ahora sabía que debía escribir un libro. Buscando el camino para llegar a los ángeles había encontrado también el camino para que pudieran llegar los demás. Y ese camino, es sin duda el libro que hoy les ofrezco.

En él encontrarán el resultado de muchas horas de investigación en las bibliotecas, pero también de mucho tiempo de búsqueda interior. Las enseñanzas que en el pasado recibiera de mi maestro Amón, aunque no directamente relacionadas con los ángeles, me fueron muy útiles, ya que prepararon mi espíritu para que, traspasando las barreras de la materialidad, pudiera comunicarse con otros mundos y otros seres. Pero esta facilidad de comunicación con diferentes planos de la realidad -facilidad que considero un privilegio y agradezco al Supremo- no es exclusivamente mía.

Todas las personas pueden comunicarse con los ángeles y, de hecho, es probable que se hayan comunicado con ellos en más de una ocasión sin tener conciencia de haberlo hecho. A la comunicación con el mundo angélico se puede acceder por diferentes vías. Cuando, ante un problema determinado, escuchamos una voz *interior* que nos aconseja, estamos comunicados con un ángel. A veces, el camino de la comunicación angélica es la inspiración momentánea. No sabemos cómo resolver un conflicto y encontramos de pronto la solución, aparentemente por azar, en la página de un libro o de una revista, o un amigo dice exactamente la frase que necesitábamos escuchar y que nos ilumina el camino. Esos mensajes que llegan a nosotros en el momento justo, son mensajes de los ángeles.

Pero la comunicación con los ángeles también puede establecerse por propia voluntad si poseemos los conocimientos necesarios para hacerlo. Este libro pretende ser un camino de acercamiento entre ustedes, los lectores, y los ángeles, para que todos puedan gozar de los beneficios de su presencia. Si hacen memoria recordarán que durante la infancia sentían muy cerca la presencia del ángel de la guarda. Ese ángel no ha desaparecido de sus vidas. Si aprenden a invocarlo, volverá a ella como una presencia protectora y les mostrará el camino que deben seguir.

Son los ángeles los que me han inspirado este libro, los que me han dictado sus palabras y los que permiten que hoy ustedes puedan iniciarse en la invocación angélica. Para preguntarles por dónde comenzar, invoqué su presencia y continué invocándolos hasta terminar mi trabajo. Al comienzo de cada apartado transcribo la frase clave que me transmitieron y que yo me encargué de descifrar. Por esta razón, no sé si es justo dedicarle este trabajo a alguien ya que, en rigor, no me pertenece del todo. Pero, dado que he sido el instrumento de los ángeles, la voz a través de la cual se manifestarán a miles de lectores, me tomo la libertad de dedicarlo como si me perteneciera por entero: dedico este libro a la memoria de mi maestro Amón y a todos los lectores que, como yo, alguna vez desearon fervientemente que apareciera un ángel en sus vidas para que se disiparan las tinieblas y volviera a brillar el sol.

LOS ANGELES

¿Seres corpóreos o entidades espirituales?

1ª

Revelación

Esto fue lo que me dijo el ángel:

NO IMPORTA COMO ME MANIFIESTE, COMO SEA MI CUERPO, CUAL SEA MI VOZ, TU SIEMPRE SABRAS RECONOCERME.

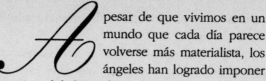

pesar de que vivimos en un mundo que cada día parece volverse más materialista, los ángeles han logrado imponer su tesoro de espiritualidad. En efecto, el hombre moderno los ha redescubierto e intenta un nuevo acercamiento a ellos.

La carrera enloquecida por obtener cada día nuevos bienes materiales tiene como contrapartida un crecimiento interior que impulsa a la búsqueda de nuevos bienes espirituales. Esta evolución del pensamiento se expresa en el renovado interés por los ángeles, esos seres misteriosos y semidivinos que figuran tanto en los relatos folclóricos de diversos pueblos como en escritos de carácter religioso.

Sin embargo, la nueva fascinación que se experimenta con los ángeles está lejos de ser un fenómeno ligado únicamente al culto religioso. Una reciente investigación realizada por la revista **Time** revela que el sesenta y nueve por ciento de los estadounidenses cree en la existencia de los ángeles independientemente de su religión. Otro tanto sucede en nuestros países.

En relación con este renovado interés angélico se plantean una serie de cuestiones. Las personas creen en los ángeles, pero no están lo suficientemente informadas respecto de la naturaleza de estos seres y sobre los múltiples beneficios que puede depararles la relación con ellos. En el pasado eran los religiosos los que daban respuesta a la pregunta acerca de la naturaleza de los ángeles.

La creencia en los ángeles es anterior al establecimiento de la Iglesia Católica. Muchas son las culturas que, a través del tiempo, han creído en los seres angélicos. La antigüedad de esta creencia pone en evidencia que la confianza en la existencia de tales seres resulta beneficiosa para el hombre y contribuye a su equilibrio psicoespiritual. Por otra parte, el hecho de que aún continúe creyendo en ellos -lo que es contrario al materialismo contemporáneo- revela a su vez que los ángeles tienen un misterio especial y una función precisa que es superior al espíritu pragmático de la época.

De acuerdo con la tradición cristiana, los ángeles son entidades espirituales que Dios creó antes que a Adán y Eva. Su misión era regir las estrellas, los planetas y las diferentes regiones de la Tierra. En la Biblia aparecen como seres misteriosos de un poder desconocido.

Nuestra fascinación por los ángeles proviene, en cierta medida, de su carácter inexplicable. En efecto, si Dios es omnipotente, no es fácil comprender por qué necesitaría de los seres angelicales para administrar y proteger la Tierra. En este sentido, no sólo son contrarios a la teología, sino que, además, van más allá de los límites de la lógica pues encarnan las aspiraciones y deseos más profundos de la humanidad.

Según afirman las leyendas, no todos los ángeles son bondadosos. En la tradición cristiana el ángel más poderoso es Satán, quien se rebeló contra Dios y, como castigo, fue arrojado al infierno. El resto de los ángeles que se sublevaron al poder divino fueron los «ángeles caídos», quienes conformaron las hordas de demonios siempre dispuestas a tentar al hombre.

Al igual que la existencia de los ángeles bondadosos, la de los demonios plantea problemas teológicos. ¿Por qué, por ejemplo, si Dios es omnipotente, permite su existencia? Este hecho parecería burlar todas las reglas del sentido común. Además, ciertos pasajes de la Biblia sugieren que no existe gran diferencia entre los ángeles y los demonios. En el Libro de Job, por ejemplo, Dios y Satán aparecen decidiendo por igual el destino de Job.

Evidentemente, tanto los ángeles como los demonios pertenecen a una tradición que precede a la formación de la Iglesia Católica. Ambos aparecen en el folclore y los relatos religiosos de cientos de culturas.

Lo que los cristianos llaman *ángeles* es denominado por otras culturas *dioses*, *devas*, *daimones*. Los griegos, por ejemplo, creían en la existencia de dioses cuya función era la misma que la de los ángeles cristianos: controlar, desde el cielo, varios aspectos del mundo humano y del mundo natural. Además, así como para los cristianos existe una jerarquía angélica en cuya cima se encuentran los querubines y en su base los arcángeles, para los griegos el mundo espiritual estaba integrado por los Grandes Dioses de los Cielos y los pequeños dioses de los árboles y los campos. Por otra parte, ambas culturas reconocen la existencia de un Angel Guardián -los griegos lo llamaban *daimon*- que representa la parte más elevada de la espiritualidad del ser. Curiosamente, la palabra griega *daimon* es la fuente de la palabra *demonio*. Fue el cristianismo el que equiparó ambos términos.

El cristianismo primitivo determinó que los dioses y ángeles de otras culturas eran demonios disfrazados. Por eso, Ishtar, el ángel babilónico de la Luna, se transformó, en la demonología cristiana, en el demonio Astaroth. Sin embargo, esta "demonización" de los viejos dioses no se produjo en todos los pueblos. En las regiones celtas, los ángeles de los druidas fueron incorporados jerárquicamente al cristianismo. Por ejemplo, la diosa celta Brigit devino, en la mitología cristiana, en Santa Brígida.

Mientras los griegos, los romanos y los celtas tendieron a aceptar todas las religiones como modos válidos de expresar respeto y amor por el poder divino, el cristianismo, sobre todo durante la primera época, se mostró más intolerante al respecto.

La tolerancia también ha sido una regla en Oriente. El hinduismo, el budismo, el sintoísmo y el taoísmo consideraban a los dioses, ángeles y otros espíritus como manifestaciones de la energía divina que habita en cada partícula del universo. A diferencia del cristianismo, las religiones orientales no distinguían a los ángeles en bondadosos y demoníacos. Todos representaban por igual la energía divina aunque ésta, desde el punto de vista humano, pudiera aparecer como demoníaca. El símbolo taoísta del yin-yang representa esta interpretación de las fuerzas opuestas del universo. Para los taoístas, los ángeles bondadosos y demoníacos constituyen las dos caras de una misma moneda.

La diferencia entre estos dos puntos de vista tan distintos nos proporciona una perspectiva disímil de los ángeles. Las religiones orientales tratan a los seres espirituales como si éstos estuvieran ubicados en una escala descendente. En el extremo superior de la escala se encuentran los más poderosos, los más próximos al estado de Nirvana. En el extremo inferior, están los más débiles que hacen todo tipo de "travesuras" y producen enfermedades. Todos, independientemente de su grado de desarrollo, son manifestaciones de la energía divina.

Un eco de este concepto puede encontrarse en la tradición cristiana de los ángeles "neutrales". De acuerdo con el folklore europeo, existen ciertos ángeles que no participan de la guerra entre Dios y Satán. Son los espíritus de los árboles, campos y ríos, que representan el poder de la naturaleza. Son precisamente estos ángeles neutrales los encargados de guardar el Santo Grial en la historia de Percival. Al igual que sucede con los seres humanos, en estos seres angélicos existe una mezcla de ángel y demonio.

¿Los ángeles son seres reales?

La creencia en los ángeles es casi un fenómeno universal. El hecho de que esta creencia sea tan persistente en la conciencia humana pone en evidencia que tiene raíces muy profundas. Para algunas personas la existencia de los ángeles parece incompatible con el desarrollo de la ciencia, aunque existan evidencias de que todos tenemos nuestro «ángel» y podemos comunicarnos con él si aprendemos cómo hacerlo. La psicología moderna trata las experiencias místicas en general como alucinaciones.

Carl Jung fue uno de los primeros en determinar que los mitos y leyendas de los diferentes pueblos tienen rasgos en común. El postuló la existencia de un "inconsciente colectivo", integrado por un amplio repertorio de figuras simbólicas a las que llamó «arquetipos primordiales» y que se remontan al principio de los tiempos. La visión de los ángeles, según la teoría de Jung, es el resultado de la memoria genética, el resultado de la propensión de la mente humana a imaginar el mismo tipo de imágenes e ideas aun cuando se trate de comunidades aisladas físicamente o distantes en el tiempo.

La teoría de Jung, en una primera instancia, parece reducir la existencia de los ángeles a una producción fantasmagórica de la mente. Es posible, sin embargo, interpretar sus observaciones en un sentido diametralmente opuesto si se considera que la percepción es el único medio por el cual puede deducirse la realidad del universo. La llamada «realidad objetiva» no es más que un conjunto de observaciones. Creemos que una silla es real, por ejemplo, porque podemos verla con nuestros ojos y sentirla con nuestras manos. La realidad objetiva de la silla depende, por lo tanto, de que todo el mundo acuerda en que esa silla existe. Lo mismo sucede con los arquetipos de Jung entre los que se cuentan los ángeles. Estos aparecen en los sueños y la visiones de todos los seres humanos, por lo tanto, tienen existencia real, es decir, que son objetos físicos con la misma legitimidad que una silla.

Para comprobar hasta qué punto esto es verdad, hagamos un sencillo ejercicio. Imaginemos por un momento una comunidad en la que todo el mundo fuera corto de vista. Un día, un chico que vive entre los nativos miopes pero tiene tiene visión normal levanta los ojos hacia el cielo y ve estrellas. *¿Qué son aquellas luces?*, pregunta el niño y los nativos le responden *¿De qué estás hablando? Nosotros no vemos nada en absoluto*. En estas circunstancias el niño podría sacar la conclusión de que las estrellas son alucinaciones, que no tienen existencia física real.

Supongamos que la comunidad de los miopes tiene relatos y leyendas que se basan en sueños. Los integrantes de la comunidad se sientan cada noche alrededor del fuego y comentan las imágenes que aparecieron en sus sueños durante la noche anterior. En cada sueño aparecen imágenes similares: guerreros, mujeres sabias, cazadores... Si un chico de visión normal participara de estas reuniones y contara sus propias visiones -que son similares a las de todos los demás-, podría sacar la conclusión de que estas visiones nocturnas tienen existencia real, que son mucho más reales que las estrellas que él ve estando despierto. Si un día, caminando por la playa, viera un barco, nadara hasta él, lo abordara y regresara al país en que nació, en el que todo el mundo tiene, como él, visión normal, entonces se enteraría de que sus compatriotas pueden ver las estrellas con la misma nitidez con que las ve él. Por lo tanto, sacaría la conclusión de que las estrellas son tan reales como las criaturas que se le aparecen en los sueños. No obstante, si expresara este pensamiento a sus compañeros, ellos le dirían: *Estás equivocado. Los sueños no son reales dado que tú no puedes tocar a los personajes que aparecen en ellos.* Entonces, el niño podría responderles: *Pero tampoco puedo tocar las estrellas.*

La moraleja de la esta historia ficticia podría ser que considerar que los ángeles son irreales constituye un prejuicio que se basa en el desconocimiento de la naturaleza de la realidad.

Podría argumentarse que los seres angélicos no tienen existencia real porque todas las personas no pueden verlos al mismo tiempo. Cuando dos personas miran una silla, cada una de ellas ve más o menos lo mismo. Por contraste, los sueños y visiones de ángeles son fundamentalmente personales. Alguien puede verlos como saliendo del libro que leía en la infancia, mientras otra persona puede percibirlos bajo la fisonomía del rostro amado. Incluso la forma de aparición varía entre las culturas. Cabe preguntarse entonces: *¿Si los ángeles son reales por qué aparecen bajo formas tan diferentes?*

Una forma de explicar este fenómeno consiste en considerar la posibilidad de un sexto sentido gracias al cual los humanos percibimos la presencia angélica. Los mitos y leyendas de cultura milenaria refuerzan la noción de que ciertas personas están dotadas con un mayor nivel de sensibilidad que sus pares.

Los cinco sentidos que normalmente todos poseemos -vista, oído, tacto, olfato y gusto- pueden ser agrupados en dos categorías: directos e indirectos. Los sentidos indirectos permiten *escuchar* y *ver* cuál es la intensidad de la onda de energía. Los directos permiten *saborear, tocar* y *oler* en relación con las cualidades físicas de los objetos con que entramos en relación directa. Usualmente los cinco sentidos proporcionan percepciones acertadas, salvo cuando, como sucede con los artistas que trabajan con la ilusión de la perspectiva, el ojo se engaña.

Cada sentido opera en un plano separado percibiendo distintas cualidades de la existencia. Estos planos son extremadamente limitados. El oído y la visión humanas, por ejemplo, son capaces de captar sólo un pequeño espectro de la onda de energía. El ojo no puede percibir las invisibles frecuencias de la luz y muchos sonidos resultan demasiado agudos o demasiado graves para ser captados por el oído. Lo mismo es válido para los sentidos indirectos. Los humanos jamás podremos percibir, por ejemplo, ciertos matices infinitesimales del aroma que puede percibir un sabueso ni podremos saborear un pez de río haciendo vibrar todo nuestro cuerpo, como sí pueden hacerlo los gatos.

Una parte de nuestro cuerpo es capaz de acusar recibo de ciertos estímulos del entorno, mientras que otras permanecen indiferentes a ellos. Esta afirmación, aunque no es compartida por todo el mundo, resulta, sin embargo, fácilmente comprobable. Algunas frecuencias de sonido pueden afectarnos, poniéndonos nerviosos y estresados, sin que seamos conscientes de ello. Precisamente de este recurso se valen las películas de terror. Los productores cinematográficos saben muy bien cómo estimular sonoramente nuestro "sexto sentido" para inducir la sensación de miedo. Posiblemente ésta no sea la única manera en que nuestros cuerpos pueden tener una vivencia de la energía que resulta imper-

ceptible para los sentidos «normales». Si las visiones de ángeles son reacciones a un estímulo exterior, entonces el re-
ceptor de este sexto sentido puede ser el cerebro mismo.

El cerebro es un órgano extremadamente sensi-
tivo conectado directamente con el sistema nervioso, el cual
es el conducto de todos los sentidos. Nosotros nos valemos
del cerebro como órgano activo para pensar y crear. ¿Pero,
no sería también posible que el cerebro actuara también como un órgano pasivo capaz de percibir energía, tal como lo
hacen los ojos y los oídos? Si esto fuera así, las visiones de
ángeles muy bien podrían ser el producto del estímulo pro-
ducido por una energía cuya frecuencia es imposible de ser
captada por los cinco sentidos "normales".

Aunque esto no es más que una especulación,
provee una buena explicación de por qué los ángeles aparecen bajo diferentes formas en distintas culturas. Si admitimos
que el cerebro tiene la capacidad de ser, además de un órgano activo, un órgano pasivo, es dable suponer que puede
combinar su función receptiva con sus conductas activas, y,
si esto es así, resulta fácil deducir que aquello que el cerebro
perciba inevitablemente aparecerá mezclado con pensamientos e ideas inconscientes. Esta es una explicación posible del
hecho de que las visiones angélicas sean diferentes para cada persona: cada ser adopta la visión acorde, tanto con su herencia cultural como con sus concepciones personales.

Por lo tanto, no resulta absurdo que una fuente
de energía angélica pueda presentarse a los cristianos como
el Arcángel Miguel, a los taoístas como una montaña de oro
y a los chamanes como una jungla. Lo cierto es que existe
una fuente de energía que cada cultura "viste" de acuerdo
con las formas que le resultan familiares.

Entonces, volvamos a la pregunta del título:
¿Son reales los ángeles? La respuesta a esta difícil pregunta es
que ellos son tan reales como aquellos objetos y seres a los
que no tenemos dudas en calificar como «reales». Existen en
un plano de energía que es percibido directamente por el
cerebro y son "interpretados" en relación con la cultura y las

características personales.

La nueva pregunta que se impone a esta altura de nuestros razonamientos es: *¿Por qué esa fuente de energía aparece bajo la forma de un ángel y no de un punto de luz o de un sentimiento?* Cuando el cerebro es estimulado, responde de diferentes formas y una de estas formas, precisamente, es la forma angélica.

¿Cómo aparecen los ángeles?

Como ya hemos dicho, los ángeles frecuentemente aparecen en sueños. Durante la noche el cerebro se encuentra en estado receptivo y en este estado la energía angélica se manifiesta como una visión onírica que instruye al soñante sobre la forma de resolver una situación particular.

Marta, una mujer de 40 años, me habló de su experiencia particular: *De tanto en tanto, aparecía en mis sueños la figura de una mujer sabia que me ayudaba a resolver situaciones emocionales difíciles. Algunas veces esta mujer era mi abuela; otras, una anciana negra. Cada vez que esta figura se me aparecía, me daba una clave para hacer un cambio muy importante en mi vida. Una vez me indicó cómo acercarme a mi familia y mantener con ella una relación más estrecha; en otra oportunidad, me dijo que debía separarme de una pareja con la que mantenía una relación que resultaba para mí demasiado limitante. No sé si esas experiencias fueron meros sueños con las mismas características que otros o una percepción de una realidad exterior a mi mente. Lo que sí es seguro es que, consideradas subjetivamente, esas experiencias fueron reales y me ayudaron a resolver problemas.*

Pero los ángeles también aparecen como visiones durante la vigilia. A diferencia de lo que sucede en los sueños, estas experiencias son compartidas por varias personas. El ejemplo más famoso es el de el Angel de Mons, que fue visto por un gran número de soldados aliados en el cielo durante la batalla. El evento de Mons está bien documentado y guarda cierta correspondencia con la visión de fenómenos OVNI, cuando un gran número de personas en diferentes lugares asegura ver movimientos extraterrestres en el cielo.

Posiblemente la forma más interesante en que aparecen los ángeles es como seres humanos imponentes que tienen poderes que superan las habilidades normales. Este tipo de fenómeno es sorprendentemente común y las personas que dicen haber tenido este tipo de experiencias distinguen claramente entre la realidad y la fantasía y no siempre son religiosas. Sin embargo, ¿ve realmente ángeles quien dice ver a estos seres? Estas visiones son completamente diferentes de las de los sueños y parecen implicar que los ángeles no son sólo forma y energía, sino que están compuestos por materia física.

¿Los ángeles son sólo espíritu?

Esta no es una nueva pregunta. Por muchos años los teólogos han combatido la idea de que los ángeles estuvieran compuestos por una sustancia material. La noción de que son formas de la energía no es incompatible con el hecho de que aparezcan bajo apariencia humana. Si una fuente de energía (un ángel) puede hacer que el cerebro perciba imágenes, debe ser posible también que influya sobre el cerebro en un nivel más alto, es decir, que tome el control del cuerpo y lo haga adoptar conductas diferentes de las habituales.

La creencia en que los ángeles son seres meramente espirituales es común a casi todas las religiones. En muchas culturas se cree que los chamanes y pastores llevan a Dios y a los ángeles dentro de sí, al punto de que son considerados manifestaciones vivas, materiales, de la energía divina. Lo mismo vale para la posesión demoníaca, sólo que en este caso la posesión es involuntaria y la energía, indeseable. El ejemplo más moderno de esta creencia es el de la comunicación con el más allá, en que el médium adopta la personalidad de un ser espiritual y alerta a familiares y amigos sobre su presencia.

Según los testimonios recogidos, los casos de posesión frecuentemente están acompañados por inusuales fenómenos físicos: objetos que vuelan a través de la habitación, espejos que se rompen y otros casos de «poltergeist» por el estilo. En algunas sesiones de espiritismo, los participantes tienen experiencias telequinéticas activas, por ejemplo, la mesa se mueve. Aunque algunas de las narraciones acerca de estos fenómenos pueden ser sólo el producto de una imaginación exaltada o de la charlatanería deliberada, lo cierto es que existen muchos fenómenos de este tipo que no son explicables con los parámetros de la ciencia occidental.

Los griegos y los romanos creían que ciertos seres humanos estaban dotados de energía divina, por lo que es fácil percibir que el hecho de que a veces lo ángeles se aparezcan en sueños no es incompatible con el hecho de que, además, puedan tener una existencia física. Se trata, simplemente, de una cuestión de grado. Sin duda, cuando un ángel tiene una manifestación física es porque un ser humano está poseído por la energía angélica y podría decirse entonces que los ángeles tienen una manifestación corpórea.

Las jerarquías angélicas

De acuerdo con la cábala hebrea, existen 72 espíritus puros creados por Dios para servirlo y adorarlo. Esta idea es tomada más tarde por el cristianismo. Curiosamente, son también 72 las letras que, según la Cábala, forman el sagrado e impronunciable nombre de Dios. Cada especie de estos seres superiores conforma un coro y los nueve coros están organizados en tres jerarquías.

La primera jerarquía está integrada por:

• Los querubines

Angeles que están alrededor de Dios formando el primer coro, precisamente porque "querub" significa próximo en hebreo. Son miembros de una hueste que el Génesis llama "ángeles vigilantes por ser guardianes de la gloria divina". Se sienten particularmente atraídos por los juguetes, los dulces y los objetos de colores brillantes.

• Los serafines

En la angeología hebrea los serafines son los guardianes alados que están alrededor del trono de Dios. Se caracterizan por el ardor con que aman las cosas divinas y por elevar a Dios los espíritus de menor jerarquía. Para atraerlos es conveniente leerles poesías o cuentos de hadas, ya que tienen una inocencia infantil. Por eso se dice de los niños, especialmente cuando la belleza de su alma se refleja en la belleza de su rostro, que parecen serafines.

• Los tronos

Al igual que los serafines y los querubines, su misión fundamental es contemplar a Dios y adorarlo.

La segunda jerarquía está integrada por:

• Las dominaciones

Son seres celestiales algo melancólicos y profundamente versados en los misterios de la Creación. Son particularmente sensibles a los ambientes místicos, iluminados con velas blancas y perfumados con incienso y mirra.

• Las virtudes

Son seres celestiales que rodean los sitios aromatizados con incienso o perfumes como el del sándalo o la rosa.

• Las potestades

Estas entidades tienen por misión cuidar del mundo en general.

La tercera jerarquía está integrada por:

• Los ángeles

Son seres celestiales que se sienten atraídos por el aroma, el color y el sabor de las frutas. Fueron creados por Dios para ser sus mensajeros, para hacer su voluntad y ayudar a la humanidad.

• Los arcángeles

Son seres celestiales que conforman el octavo coro. Su misión fundamental es traer a la Tierra amor y compasión. Mucha gente cree que los arcángeles son siete, pero son más. Algunos de ellos son muy conocidos.

Miguel: En hebreo su nombre significa "el que es como Dios". Miguel lucha contra los demonios, desafía a quienes están poseídos por el demonio o tienen malas intenciones y ayuda a las personas a abrirse a nuevas formas de pensar y a tener el coraje de enfrentar nuevas experiencias espirituales.

Raphael: Su nombre significa "Dios ha llegado". Ayuda a los espíritus creativos.

Gabriel: Su nombre significa "Hombre de Dios" y es el encargado de anunciar los planes y acciones de Dios.

Uriel: Su nombre significa "Fuego de Dios" y ayuda a cumplir los objetivos y misiones de nuestra vida proveyéndonos de ideas transformadoras.

Haniel: Su nombre significa "Gracia de Dios". Sus dominios son el amor, la belleza, la felicidad, la armonía.

Raziel: Su nombre significa "Secreto de Dios" y es el arcángel de los misterios.

Auriel: Su nombre significa "Luz de Dios" y es el arcángel que más estrechamente se relaciona con nuestro futuro, nuestros propósitos y objetivos.

• Los principados

Su morada habitual es el reino vegetal y mineral, por eso es ideal invocarlos en un lugar al aire libre y con abundante follaje. Estas tres entidades tienen por misión cuidar al hombre en particular.

La relación que mantienen entre sí los tres coros es de tipo jerárquico. El primer coro recibe directamente de Dios el Ser, el Bien, la Belleza, la Perfección y la Paz y se la entrega al segundo, quien a su vez la entrega al tercero.

Los cabalistas calculan que el número de entidades angélicas es de 301.655.722, de ellos 133.306.668 son los ángeles caídos, es decir, los que siguieron a Lucifer en su rebelión y, desde entonces, pasaron a integrar las huestes de los infiernos.

Casos reales de personas que fueron visitadas por ángeles

A lo largo de la historia han sido los ángeles los encargados de anunciar noticias trascendentes. Sin duda, el ángel mensajero que tuvo la misión más importante fue el que se presentó ante María para anunciarle que tendría un hijo, aunque continuaba siendo una doncella. Ese hijo sería nada menos que Jesús, por lo que el ángel traía una noticia de trascendencia universal. Muchos han sido los artistas tanto medievales como renacentistas que han plasmado en sus obras este momento conocido como **La anunciación de María** o **La Visitación.**

Por su parte, José, esposo de María, recibió la visita del arcángel Gabriel, quien le comunicó que el hijo que su esposa llevaba en las entrañas no era un producto de la traición, sino que había sido concebido por el Espíritu Santo.

Pero, además de los ejemplos históricos, muchos son los casos de personas que han sido visitadas espontáneamente por los ángeles, sin que mediara invocación alguna. Estando yo hace muchos años en Egipto, una mujer que superaba los cuarenta años y que estaba embarazada de su primer hijo me refirió su particular experiencia con los ángeles. Esta bella mujer llamada Abner se había casado muy joven con su esposo Abdul. Ambos deseaban fervientemente tener descendencia, pero pasaron los años sin que pudieran engendrarla. Los médicos habían desahuciado a Abner quien, sin embargo, no se resignaba a no ser madre y continuaba alentando esperanzas. Cuando estaba por cumplir cuarenta años, llegó a la cuenta de que ya no tenía mucho tiempo para continuar abrigando ilusiones y cayó en una profunda tristeza. Ahora sí estaba segura de que nunca tendría un hijo. Como se sentía muy apenada, había comenzado a desmejorar, comía poco y se pasaba la mayor parte del tiempo en la cama. Una noche, en sueños vio una luz intensa de la que emergía un ser alado. De inmediato percibió que estaba en presencia de un ángel. El ser angélico la llamó por su nombre y le habló en un idioma extraño, que ella no conocía, pero que, paradójicamente, comprendía con claridad. El ángel le dijo:

- *Abner, levántate de la cama. El hijo que tanto deseas está por llegar y no es justo que te encuentre en este estado. Muy pronto concebirás un niño, lo parirás felizmente y a los tres meses de este dichoso suceso volverás a quedar embarazada y tendrás tu segundo hijo. La madurez te dará los retoños que te negó la juventud.*

Cuando se despertó, Abner le contó a su marido que la había visitado un ángel en sueños y su marido rio con escepticismo pensando que se trataba de una intrascendente creación onírica. Ella, sin embargo, estaba segura de que, a pesar de haber aparecido en un sueño, el ángel no formaba parte de él, ya que había sentido su presencia de manera evidente pero, sobre todo, había despertado con una sensación de regocijo tan intensa que se proyectó más allá del sueño. A la semana siguiente, cuando el suceso estaba casi olvidado, comenzó a sentirse enferma. Tenía náuseas y vómitos que su marido atribuía al hecho de haber comido en exceso. Acudió al médico y éste diagnosticó un embarazo. Abner comunicó a su marido que volvería a quedar embarazada luego de tres meses y éste lo tomó a broma. Sé -porque Abner me lo ha contado en una carta- que tal como se lo había anunciado el ángel, dio a luz con felicidad un hermoso niño y que a los tres meses volvió a quedar embarazada, esta vez de una niña a la que también llamó Abner y que es tan bella como ella.

De esta experiencia resulta fácil deducir que el intenso deseo de Abner de tener un hijo actuó a modo de invocación inconsciente y que el ángel que se le presentó no sólo le hizo un anuncio sino que, además, la ayudó a concretar su deseo.

En Europa conocí el caso de una mujer que había estado en un campo de concentración nazi. Se llamaba Greta y cuando las fuerzas alemanas invadieron su país, fue trasladada al campo de Dachau. Era viuda y llegó al campo con sus dos hijos. Mientras ellos fueron muy pequeños Greta había incursionado en la invocación angélica para que los ángeles los protegieran, ya que siempre había temido mucho por sus vidas. La primera noche en el campo la invadió la desesperación porque la separaron de sus niños. De pronto apareció ante ella un ser de luz que reconoció como un ángel, que le dijo:

- *Seca tus lágrimas. Pasará largo tiempo antes de que vuelvas a ver a tus hijos, pero volverás a reunirte con ellos aunque sean muchas las veces que creas estar cerca de la muerte.*

Greta estaba despierta y como la figura del ángel le resultaba familiar y reconfortante, le dijo:

-*Angel mío, no me desampares. Mis hijos son lo único que tengo en el mundo.*

El ángel sonrió y Greta fue invadida por un intensa sensación de paz, aunque se encontraba en el centro mismo del infierno. Pasó el tiempo y, tal como se lo había anunciado el ángel, estuvo muchas veces cerca de la muerte. Un día, cuando ya casi había perdido las esperanzas de salir con vida de aquel campo, comenzaron a correr rumores de que los aliados estaban cerca y de que los alemanes habían sido derrotados. En pocos días, los soldados aliados llegaban al campo. Uno de ellos traía a sus hijos de la mano y caminaba en dirección a Greta. Los niños habían crecido, estaban desnutridos y habían pasado todo tipo de penurias, pero tal como se lo había anunciado el ángel, estaban nuevamente junto a ella.

Los ángeles suelen presentarse también ante los niños. En la provincia argentina de Jujuy, un hombre me refirió una experiencia angélica que había tenido de niño. Tenía él 5 años y su hermanito 7 cuando decidieron salir de aventuras solos. Comenzaron a caminar sin rumbo fijo y la noche los encontró lejos de la casa, solos y perdidos en medio de una zona desértica en la que los acechaban mil peligros. Habían perdido el camino y no sabían cómo regresar. Su hermanito se desesperó y, por ser él el más chico, tuvo que hacerse cargo de la situación. Mientras su hermano lloraba a los gritos, él sintió que alguien le tocaba el hombro. Giró la cabeza y vio una figura rodeada de luz a la que reconoció como un ángel aunque jamás había visto ninguna representación gráfica de esos seres alados. El ángel lo tomó de la mano y le dijo:

- *Consuela a tu hermano, yo te mostraré el camino.*

El tomó a su hermano de la mano y, aunque éste se resistía, lo guió por el camino a través del cual, a su vez, él era conducido por el ángel. Muy pronto se encontraron sobre una carretera y divisaron cerca las luces de un caserío. Caminaron hacia él y muy pronto se encontraron en terreno conocido. Habían vuelto al pueblo y el viaje de regreso había sido increíblemente mucho más corto que el viaje de ida. Este hombre, que hoy es un anciano, se llama Eloy y nunca olvidó esa experiencia. La presencia angélica sólo fue advertida por él, mientras que para su hermano pasó totalmente inadvertida, aunque nunca pudo explicarse el hecho de que, habiendo caminado todo el día, hubieran regresado a la casa en unos cuantos minutos.

Como vemos, los ángeles pueden visitar a cualquier persona sin importar qué sexo, edad o religión ésta tenga y aun sin que ésta los invoque, al menos de manera consciente.

Los artistas y los ángeles

Los pintores, dotados como todos los artistas de una sensibilidad especial, han plasmado a los ángeles como seres alados rodeados de luz que participan de la anatomía humana pero que, a diferencia de los hombres, pueden elevarse en el aire.

No hay por qué suponer que el primer pintor que pintó un ángel lo haya hecho tras experimentar una visión. El don de la creación es una forma de la sabiduría y los artistas suelen intuir realidades que no han visto jamás.

No puede dejar de llamar la atención, sin embargo, el hecho de que quienes han sido visitados por los ángeles los describan de la misma manera que los pintores de todos los tiempos. Yo puedo dar fe de que los ángeles son seres luminosos que aunque sólo pueden ser vistos claramente por breves instantes responden a la idea previa que tenemos de ellos, acaso porque son patrimonio del inconsciente colectivo, tal como lo sostenía Jung.

Martin Hoffmann, un ingeniero alemán y doctor en filosofía que lleva más de veinte años estudiando a los ángeles asegura que: *En ocasiones los ángeles inspiran a los artistas para que consigan sus más bellas creaciones, como ocurre en los cuadros de Marc Chagall, que reflejan fielmente el mundo de los ángeles, o con las sinfonía de Brahms y Haendel.* Otro tanto podría decirse del Giotto, cuyos ángeles irrumpían en paisajes dominados por la "perspectiva caballera" (una perspectiva en que lo más alejado no se representa más pequeño como en el Renacimiento, sino "más arriba", por lo cual resulta de igual tamaño lo que está lejos y lo que está cerca).

Los escritores y los ángeles

A tal punto tienen una presencia importante los ángeles, que las más elevadas expresiones literarias se han ocupado de ellos. En **La Chanson de Roland** y en el **Cantar de Mio Cid** se hacen presentes ante el héroe antes de cada batalla diciéndole lo que tiene que hacer. Los ángeles integran las páginas de **Las elegías del Duino** de Rainer María Rilke. Pero su influencia está presente también en los contemporáneos. Jorge Luis Borges escribió en **El tamaño de mi esperanza:**

Dos días y dos noches más que nosotros cuentan los ángeles: el Señor los creó el cuarto día y entre el sol recién inventado y la primera luna pudieron balconear la Tierra nuevita que apenas era unos trigales y unos huertos cerca del agua. Estos ángeles primitivos eran estrellas. A los hebreos era facilísimo el maridaje de los conceptos ángel y estrella: elegiré, entre muchos, el lugar del Libro de Job (apartado treinta y ocho, versillo séptimo) en que el Señor habló entre el torbellino y recordó el principio del mundo "cuando me cantaron juntamente estrellas de aurora y se regocijaron todos los hijos de Dios."(....) También Isaías (apartado catorce, versillo doce) llama "lucero de la mañana" al ángel caído, frase que no olvidó Quevedo al decirle "lucero inobediente, ángel amotinado". Esta igualación de estrellas y de ángeles (tan pobladora de la soledad de las noches) me parece linda y es galardón de los hebreos el haber vivificado a almas los astros, enalteciendo a vitalidad su fulgor.

A lo largo del Antiguo Testamento hay caterva de ángeles. Hay ángeles borrosos que vienen por los caminos derechos de la llanura y cuyo sobrehumano carácter no es adivinable en seguida; hay ángeles forzudos como gañanes, como el que luchó con Jacob toda una santa noche hasta que se alzó la alborada; hay ángeles de cuartel, como ese capitán de la milicia de Dios que a Josué le salió al encuentro; hay ángeles que amenazan ciudades y otros que son como

baquianos en la soledad; hay dos millares de miles de ánge-
les en los belicosos carros de Dios. (.....)

   La "Jerarquía Celestial" atribuida con error al
converso griego Dionisio y compuesta en los alrededores del
siglo V de nuestra era, es un documentadísimo escalafón del
orden angélico y distingue, por ejemplo, entre los querubines
y los serafines, adjudicando a los primeros la perfecta y col-
mada y rebosante visión de Dios y a los segundos el ascender
eternamente hacia Él, con un gesto a la vez extático y tem-
bloroso, como de llamaradas que suben. (...)

   Los teólogos, admirables de intelectualismo, no
se arredraron ante los ángeles y procuraron penetrar a
fuerza de razón en ese mundo de soñaciones y de alas. No
era llana la empresa, ya que se trataba de definirlos como
seres superiores al hombre, pero obligatoriamente inferiores
a la divinidad.

   Ya estamos orillando el casi milagro que es la
verdadera motivación de este escrito: lo que podríamos de-
nominar la supervivencia del ángel. La imaginación de los
hombres ha figurado tandas de monstruos (tritones, hipo-
grifos, quimeras, serpientes de mar, unicornios, diablos,
dragones, lobizones, cíclopes, faunos, basiliscos, semidioses,
leviatanes y otros que son caterva) y todos ellos han desa-
parecido, salvo los ángeles. ¿Qué verso de hoy se atrevería a
mentar la fénix o ser paseo de un centauro? Ninguno; pero
a cualquier poesía, por moderna que sea, no le desplace ser
nidal de ángeles y resplandecerse con ellos. Yo me los ima-
gino siempre al anochecer, en la tardecita de los arrabales
o de los descampados, en ese largo y quieto instante en que
se van quedando solas las cosas a espaldas del ocaso y en
que los colores distintos parecen recuerdos o presentimien-
tos de otros colores. No hay que gastarlos mucho a los ánge-
les; son las divinidades últimas que hospedamos, y a lo me-
jor se vuelan.

¿QUE ES LA MAGIA ANGELICA?

2ª
Revelación

Esto fue lo que me
dijo el ángel:

*SI QUIERES TENERME
A TU LADO CUANDO
LO DESEES, APRENDE
EL RITO DE
INVOCACION TAL
COMO LO HICIERON
LOS HOMBRES QUE
TE PRECEDIERON EN
EL CAMINO DE LA VIDA.*

or haberme interesado largamente en el tema, por mi experiencia propia y por contar con numerosos testimonios, sé que en los sueños, las visiones y las posesiones angélicas, el rol humano es básicamente pasivo. Los ángeles van y vienen a su antojo, dispensando sabiduría y asistencia.

La magia angélica, por el contrario, es un viejo arte que permite a los hombres establecer contacto con los ángeles cada vez que lo consideran necesario, tomando una actitud activa como la de invocarlos. Este contacto se logra a través de rituales y prácticas que convocan a los ángeles a la Tierra para pedirles un deseo concreto.

Sin embargo, si bien la magia angélica es compatible con las creencias religiosas, su propósito es totalmente diferente de ellas. Mi maestro Amón me ha enseñado que la naturaleza de la religión es la adoración, el culto, lo cual implica sumisión. Los fieles son humildes oradores. Yo he aprendido que magia angélica, por el contrario, implica control, es decir, acción.

Tal como la conocemos hoy, la magia angélica es el producto de la recopilación de numerosos manuscritos que fueron copiados y recopilados en la Edad Media y el Renacimiento. Estos manuscritos se conocen como «grimoires» y contienen complejos rituales que se creía que servían para atraer a los ángeles. Como tales rituales eran contrarios a las enseñanzas de la iglesia, pocos de esos «grimoires» fueron publicados antes de nuestro siglo. El primero de estos manuscritos data de 1565.

Un mago angélico es la persona que practica magia angélica y, a diferencia de los sacerdotes, no maneja la noción teológica de que algunos ángeles son buenos y otros son malvados. Para un mago angélico, en cambio, los ángeles sólo se dividen en útiles e inútiles. Esta es la razón por la cual algunos "grimoires" contienen rituales para convocar no sólo ángeles bondadosos, sino también demonios.

El mago interesado en los ángeles tiene un particular interés en controlarlos y obtener un beneficio que deriva, directamente, de la postura ética del ángel involucrado. De acuerdo con los "grimoires", los distintos ángeles tienen diferentes características, poderes y habilidades. En estos manuscritos abundan listas exhaustivas de nombres angélicos, cada uno de los cuales se corresponde con un planeta, una constelación, uno de los cuatro elementos, las horas del día o las diferentes horas del mundo. Consultando esta lista, el mago angélico puede elegir con precisión el tipo y la cualidad del ángel con el que quiere establecer contacto.

Por encima de este grupo de ángeles, están los de leyenda. En la tradición occidental, los ángeles más poderosos son Miguel, Uriel y Gabriel. Sus nombres son muy antiguos ya que se remontan a la primitiva religión hebrea. El sufijo "el" en que termina cada uno, es un antiguo nombre hebreo dado a Dios. De acuerdo con la tradición, hace falta mucho poder mágico para controlar estas entidades angélicas. Incluso el doctor John Dee, uno de los más grandes magos angélicos de todos los tiempos, se sentía intranquilo en su presencia.

Los dos principios de la magia angélica provienen de dos fuentes distintas: las creencias folklóricas de diversas culturas y la Cábala hebrea.

El primer principio consiste en la creencia de que los humanos pueden controlar a los ángeles -buenos y malos- a través del uso de armas mágicas. Es posible rastrear esta certeza en culturas muy diferentes entre sí. Por ejemplo:

• Antiguamente, en la región patagónica se trataba de dispersar al demonio de la viruela apuñalando el aire con un arma cortante y derramando agua para resguardarse de sus espantosos seguidores.

• Los jóvenes mujeres y las niñas esquimales expulsan a los demonios de las casas amenazándolos con un cuchillo.

• Entre los wortyaks, al este de Rusia, las niñas reciben el año nuevo armadas con palos con los que golpean por todos los rincones de la casa, para desalojar de allí a Satán.

• Los aborígenes australianos espantan los demonios golpeando el suelo con la cola de un canguro.

El segundo principio de la magia angélica es la creencia de que ciertas palabras -especialmente los nombres de Dios- tienen el poder de obligar a los ángeles de obedecer las órdenes del mago angélico. Este principio se basa en la Cábala, que sostiene que el nombre de los objetos es inseparable de ellos, ya que constituye una propiedad intrínseca de los mismos y no un nombre convencional impuesto a posteriori. Por lo tanto, conocer el verdadero nombre de una cosa permite ejercer un completo control sobre ese algo. Esta creencia era tan fuerte que los judíos se negaban a pronunciar o a escribir el nombre de Dios y ocultaban el nombre sagrado bajo un complicado mecanismo de simbolismos y sustituciones. Se creía que el verdadero nombre de Dios constaba de 72 letras (exactamente el número de ángeles) y era tan poderoso que el mundo entero podía ser destruido si alguien se atrevía a pronunciarlo.

De acuerdo con la magia angélica, cualquier persona provistos del arma sagrada y las palabras sagradas puede controlar la totalidad del poder de los ángeles, tanto en el cielo como en infierno y en la tierra. Pero la magia angélica consiste en algo más que esto. Es, también, un conjunto de rituales organizados en cinco pasos básicos:

1- Consagración: El mago construye un templo en el cual practica la ceremonia mágica. En la mayor parte de los casos, este templo consiste en un círculo mágico marcado con los nombres y/o los objetos sagrados.

2- Invocación: El mago ofrece una oración al más alto estrato de la jerarquía angélica para que ilumine su conciencia.

3- Conjuro: El mago recurre a una combinación de nombres divinos, armas y ofrendas de incienso para producir la aparición del ángel.

4- Conversación: Una vez que el ángel ha aparecido, el mago describe y recuerda lo que el ángel ha hecho y ha dicho.

5 - Despedida: El mago despide al ángel o le encomienda cierta tarea.

Estos cinco elementos se encuentran en todos los primeros "grimoires". Las ceremonias son -a menudo- complejas, contienen exhaustivas instrucciones, requerimientos y recomendaciones, cada una de las cuales es esencial para lograr la exitosa implementación de la tarea.

En relación con estos cinco pasos básicos, hay otro cinco elementos importantes que aparecen en la mayor parte de los "grimoires" y constituyen el común denominador de las ceremonias de magia angélica:

1 - Encantamientos. Se trata de oraciones especializadas que utilizan el poder de los nombres angélicos para invocar a los ángeles mismos. El propósito del encantamiento es asociar las mentes de los participantes con la energía divina del ángel que está siendo invocado. El mago canta una serie de nombres divinos que obligan al ángel a aparecer. Esto es parte de la Cábala, la cual sostiene que las palabras y las cosas que éstas representan forman una unidad indisoluble. Según esta lógica, el nombre sagrado o el nombre de Dios o del ángel está investido del poder de Dios o del ángel. Este concepto no se limita a la Cábala, sino que consta en el Nuevo Testamento -que comienza precisamente con la frase : *En un principio fue el verbo*- y también aparece en el Corán.

2 - Armas. Las armas mágicas instan al ángel a obedecer al mago. El mago bien armado posee, básicamente, dos armas: el bastón y la espada o cuchillo.

3 - Contacto. El "contacto" es la persona que puede ver y escuchar a los ángeles en una bola de cristal, en un espejo, en las llamas, en el humo o en el incienso. El "contacto" es alguien que "ve claro", pero no es un médium, ya que no se trata de alguien poseído por la entidad y que permite que ésta se exprese a través de su boca. Esto no quiere decir, sin embargo, que una persona no pueda estar poseída por un ángel, sino sólo que el contacto es quien tiene el don de detectarlos y escuchar sus mensajes. Por otra parte, corre cierto peligro de convertirse en médium, ya que la mente humana no tiene una capacidad tal como para contener los poderes del ángel que el mago ha convocado. El peligro podría alcanzar su punto máximo si el ángel penetrara en el cuerpo del mago, porque éste perdería el control y el ritual quedaría quebrado. El mago, entonces, no recordaría nada del mensaje angélico que recibió.

4- Talismanes. Un talismán es un objeto físico energizado por un ángel, es decir, un objeto que tiene energía divina. Si los nombres sagrados tienen el poder de convocar a los seres angélicos, los talismanes tienen poderes mágicos.

Hay dos tipos de talismán en la magia angélica: el protector y el práctico. El protector es el que preserva al mago del descontrol, permitiéndole dominar el poder del ángel. El práctico es el instrumento del que debe valerse el mago para atesorar o "almacenar" una porción de la energía del ángel. Por esta razón, este tipo de talismán puede ser usado en días posteriores a la invocación.

La utilización de los talismanes está limitada solamente por la imaginación del mago. Los "grimoires" dedican muchas de sus páginas a explicar cómo hacerlos y utilizarlos.

5 - Incienso. Contribuye a proveerle al ángel su temporaria forma material, por eso, los recipientes con incienso están incluidos en los «grimoires», aunque se sabe que en otras épocas eran reemplazados por el sacrificio de animales, por considerarse que la energía del animal muerto le proveía al ángel una energía suplementaria capaz de facilitar su manifestación.

La magia angélica es, básicamente, un conjunto de rituales mediante los cuales una persona puede obtener la visión y el mensaje de un ser angélico. A través de los años, este tipo de magia fue enriqueciéndose con ideas y símbolos tomados de la astrología, la alquimia, la teología e incluso de la moderna psicología, por eso, quienes se interesan por alguna o varias de estas últimas disciplinas, están ligados de algún modo a la magia angélica.

El crecimiento y transformación de esta práctica, a través de los siglos, es uno de los más interesantes desarrollos en la historia del pensamiento humano.

Las fuentes de la magia angélica

El origen de la magia angélica siempre ha constituido un tema controvertido. Como se desarrolló fuera del ámbito de la Iglesia, no hay tantas referencias como sería de desear.

De acuerdo con mis investigaciones, durante el Renacimiento se creía que la magia con ángeles era una de las formas de la adoración más antiguas conocidas por el hombre. Según escribió el reputado mago angélico renacentista Paracelso, esta práctica *tiene su origen en Babilonia, de donde pasó a Egipto y, de allí lo tomaron los hebreos. Por último, llegó a nosotros a través de los cristianos.*

Cuando los estudiosos y ocultistas comenzaron a publicar los "grimoires" hacia fines del siglo XIX, muchos de ellos aceptaban este origen. Al publicar Magregor Mathers su traducción de **La llave de Salomón**, se la atribuyó a Salomón mismo. A pesar de que la atribución de la autoría a Salomón no puede ser considerada seriamente, Mathers mantuvo su convicción de que la magia angélica tenía un origen antiquísimo. A. E. Waite le respondió en su libro de ceremoniales mágicos, que consideraba altamente improbable que los rituales pudieran ser tan antiguos.

Ninguno de los dos tenía toda la razón. Un riguroso cotejo de datos y documentos me ha llevado a inferir que ciertos elementos de la magia angélica son, en efecto, antiquísimos y pueden remontarse al antiguo Egipto. Pero la estructura de los "grimoires" es claramente medieval. Los rituales fueron recopilados, editados y enmendados por los clérigos medievales y reflejan el pensamiento del hombre culto de ese momento.

La magia angélica en Caldea

El primer rito de magia angélica que se registra se remonta a 3.000 años a.C. y el relato de su desarrollo se conserva en tablas de piedra. Muchos de los elementos contenidos allí se encuentran más tarde en los «grimoires» medievales. Estas tablas dicen textualmente:

Los siete dioses del vasto cielo.
Los siete dioses del universo.
Los siete dioses de las esferas ígneas.
Los siete dioses,
aquí están los siete dioses.
Los siete dioses malévolos.
Los siete fantasmas malvados de las llamas,
siete en la tierra, siete en el cielo.

El malvado Atal, el malvado Gigim,
el malvado Tetal, el malvado Maskim.
¡Espíritu de los cielos, os conjuro!
¡Espíritu de la tierra, os conjuro!
¡Espíritu de Mul-ge, rey de los campos,
os conjuro!
¡Espíritu de Nin-dar, hermano del zenit,
os conjuro!
¡Espíritu de Tiskhu, dama de los campos
que brillas en la noche, os conjuro!

Las líneas 1 a 3 aluden a los dioses (ángeles) de los planetas que viven en el vasto cielo y gobiernan el universo y son *dioses de las esferas ígneas* (las esferas celestiales mismas). La línea 4 demuestra que los caldeos sólo creían en la existencia de siete ángeles (*los siete dioses, aquí están los siete dioses*). Las líneas 5 a la 7 describen a los dioses malévolos que la mitología Caldea se resiste a considerar ángeles caídos. Las líneas ocho y nueve proveen los nombres de los dioses malévolos (*Alal, Gigim, Tetal, Maskim*). Las líneas diez a quince proporcionan el nombre de los ángeles planetarios (*Mul-ge, Nin-dar, Tiskhu*) que representan al Sol, Júpiter y Venus respectivamente.

A pesar de la antigüedad de este documento histórico, en él los ángeles ya aparecen asociados con los planetas y organizados en jerarquías en que los ángeles superiores gobernaban a los inferiores.

La magia angélica en Egipto

Los antiguos egipcios creían que los ángeles podían ser controlados invocando el poder de los ángeles mayores. También creían que el mago angélico debía ser honrado a través de rituales y oraciones, como un ser con un estatus cercano a la divinidad. Para ellos los seres humanos podían devenir ángeles y controlar a los ángeles de las jerarquías más bajas, así como los reyes gobernaban a los hombres de una jerarquía menor.

Fueron también los egipcios quienes comenzaron a utilizar los nombres mágicos como parte de sus oraciones en los rituales de magia en los que había elementos tomados de la astrología, quema de incienso y sacrificios. Según este pueblo, un ángel podía aparecer en lugares muy diferentes:

- en una estatua o una imagen
- en un talismán
- en un sueño
- en un trance (mucha veces inducido por drogas)
- en un fantasma o en una voz desencarnada
- en el cuerpo

Varios ejemplos de magia angélica egipcia han sobrevivido hasta nuestros días. Un papiro consigna un ritual que probablemente pertenezca al año 100 a.C. El texto dice los siguiente:

Para obtener una visión de Besa, haz el dibujo de Besa y sosténlo con la mano derecha, mientras envuelves la izquierda con un lienzo negro y te cubres el cuello con otro lienzo del mismo color. La tinta con que hagas el dibujo debe estar compuesta por la sangre de una vaca, la sangre de un pájaro blanco, incienso, mirra, tinta negra y agua de lluvia. Con esta misma tinta deberás escribir tu petición, luego de que haya salido el sol:

"Envíame la verdad, oh Señor, envíame a la sagrada deidad Anuth, a Salbana, a Chambre, a Vreith. Ahora, ahora, envíala pronto, pronto. Pon la luz en esta inmensa oscuridad".

Una vez más vemos que aparecen en este ritual elementos que están presentes en los "grimoires" medievales. El dibujo de la imagen del ángel en una mano se asemeja a los talismanes angélicos que registran los "grimoires" y el dios Besa, un dios bestial, es similar en forma a la descripción medieval de los ángeles caídos. También el incienso, la mirra y la sangre de animales se mencionan en los manuscritos de la Edad Media. Por otra parte, al igual que en ellos, se aconseja llevar a cabo el rito por la mañana, apenas sale el sol. Del mismo modo, la mención del nombre sagrado de las deidades recuerda a los nombres cabalísticos incluidos en los "grimoires".

Es posible ver claramente, por lo tanto, que la magia angélica, tal como se la practicó en el Renacimiento y la conocemos hoy en día, tiene sus raíces en las prácticas religiosas del antiguo Egipto.

La magia angélica hebrea

Lo hebreos tomaron elementos de los rituales egipcios y los enriquecieron con elementos de la Cábala y el misticismo judío. Muchas de las leyendas hebreas sobre la magia angélica se relacionan con el rey Salomón. En un texto gnóstico que a él se atribuye encontramos la siguiente descripción de magia angélica:

Es necesario blandir las armas sagradas, orar y quemar incienso no para vencer por la fuerza, sino para imponerse por la palabras sobre el ángel castigador (el ángel de la venganza) recordando los juramentos hechos a los Padres....... El mundo entero está en su túnica flotante, los gloriosos nombres de los padres en las cuatro hileras de piedra y su majestad (YHVH) en la diadema de su cabeza.

Este pasaje sugiere un sistema ritual de magia angélica bien definido que incluye armas sagradas, oraciones, juramentos y encantaciones, una túnica con los símbolos arcanos que representan el universo y una corona con la inscripción **YHVH**. Todos estos elementos están presentes en los "grimoires" medievales. El "grimoire" conocido como **La llave de Salomón**, por ejemplo, incluye armas mágicas y sus encantaciones y conjuros hablan de los juramentos hechos a los padres hebreos. En cuanto a la ropa adecuada para llevar a cabo el ritual, incluía una túnica adornada con los símbolos arcanos y una corona con la inscripción **YHVH**.

Los talismanes de la magia angélica hebrea estaban construidos de metal, frecuentemente combinado con hierbas u hojas. Esta forma de construir talismanes pervive en testimonios de magia angélica muy posteriores.

La magia angélica de los gnósticos

A pesar de la atmósfera de secreto que rodeaba a los diferentes cultos, la premisa de la magia angélica según la cual el hombre puede controlar a los ángeles por medio de una serie de rituales, era universalmente aceptada en los tiempos pre-cristianos.

Las sectas gnósticas del cristianismo se sintieron particularmente atraídas por la magia con ángeles. Se trataba de sectas del cristianismo temprano que trataban de unir la nueva doctrina con las viejas tradiciones del paganismo. Circunscriptos geográficamente al ala Este del Imperio Romano, estaban geográfica y teológicamente más cerca de las tradiciones orientales y, por lo tanto, aceptaban con mayor facilidad la práctica de la magia angélica que las ramas más escépticas de la Iglesia del Oeste del Imperio.

Los gnósticos construyeron sus creencias mágicas a partir de las referencias bíblicas sobre la habilidad de Jesús para controlar a los demonios, pero con el avance del dogma cristiano, la magia angélica quedó definitivamente segregada del seno de la Iglesia, ya que los rituales de los gnósticos se asemejaban demasiado a los ritos paganos. La magia angélica de los gnósticos, por lo tanto, continúa con los temas hebreos.

El duelo simbólico entre San Pablo y el mago angélico Simón, ilustra el conflicto entre la Iglesia establecida y la herejía gnóstica. Simón tenía fama de ejecutar una serie de actos mágicos como:

- Volverse invisible
- Pasar a través de las piedras y montañas

sin encontrar obstáculos
- Arrojarse al vacío desde el borde de un precipicio sin lastimarse
- Volar en el aire
- Volar en el fuego sin quemarse
- Abrir cerrojos y cadenas
- Darle vida a las estatuas
- Transformar sus facciones en las de otra persona
- Transformarse en una oveja o una serpiente
- Hacer florecer los árboles a su antojo
- Nombrar y deponer reyes
- Duplicar la cosecha

Habiéndosele pedido a Simón que demostrara sus poderes ante San Pablo, le ordenó a sus espíritus sirvientes que lo hicieran volar sobre la tierra. Pero San Pablo, a su vez, les ordenó que lo dejaran caer y éstos así lo hicieron. El mago Simón murió como consecuencia de la caída.

Sin embargo, pese a esta disputa, es innegable que las premisas de la magia angélica estaban entre las enseñanzas de Jesús y que esos antiguos rituales han sido tomados de los gnósticos por la mitología cristiana y adaptados a ella.

Los gnósticos parecen haber sido los primeros magos que usaron alfabetos secretos para preservar la santidad de los nombres mágicos, cosa que antes de ellos seguramente fue innecesario hacer, porque la mayoría era iletrada. Uno de los más tempranos ejemplos de alfabeto mágico aparece en el siglo III después de Cristo.

Los magos gnósticos sufrieron persecuciones por parte de la Iglesia y la maquinaria militar del Imperio Romano se encargó de destruir sus templos y de quemar documentos que consideraban heréticos. En el siglo VI, el gnosticismo había sido prácticamente erradicado y, con él, gran parte de las tradiciones de la magia angélica.

El ocaso y el renacimiento de la magia

La magia angélica comenzó a adquirir mala reputación en Europa Occidental cuando dejó de formar parte de las enseñanza religiosas de la Iglesia establecida. Quienes se dedicaron a su práctica fueron, a partir de entonces, perseguidos por herejes. Esto no significaba que la gente descreyera de la idea de que los humanos pueden comunicarse con los ángeles, sino que la práctica de la magia angélica comenzó a considerarse pagana y no cristiana, al tiempo que los ángeles a los que invocaba y controlaba comenzaron a ser considerados demonios.

Este proceso puede verse, claramente, a través de una historia referida a Merlín que data de estos tiempos negros para los magos. De acuerdo con esta historia, Merlín concibió el proyecto de rodear su ciudad natal, Caermartehn, con un una pared de metal. Le encomendó la ejecución de su proyecto a una multitud de espíritus que trabajaron en una caverna vecina. Fue en este momento que Merlín fue apresado en su tumba por la Dama del Lago. Los espíritus que se encontraban en la caverna decidieron continuar con el trabajo que Merlín les había encomendado hasta que que éste retornara, por lo cual siguieron trabajando siempre. Según la leyenda, el viajero que hoy pasa por allí aún puede escuchar el ruido que hacen los espíritus en su trabajo, el golpetear de las masas, los yunques y los martillos. Este ruido -se dice- es suficiente para asustar al hombre más valiente.

Otro famoso mago de los períodos oscuros de la magia angélica fue San Dunstan, una figura de la iglesia asociada con la abadía de Glastonbury, donde se decía que había sido enterrado el rey Arturo. Dusntan gastó los primeros años de su juventud corriendo tras prostitutas y viviendo una vida alocada. A pesar de esto, incluso, en ese momento era considerado una persona muy inteligente y de gran ambición.

Debido a su vida disipada, en un momento

contrajo una enfermedad muy grave de la cual parecía poco probable que pudiera salvarse. Cuando estaba a punto de morir, se le apareció un ángel y le hizo beber un medicamento que lo curó de manera instantánea. El futuro santo saltó de la cama e inmediatamente fue a agradecer a Dios su recuperación. Cuando estaba en camino hacia la iglesia más cercana, tuvo la visión del demonio rodeado por un conjunto de perros negros que trataban de impedirle que entrara en ella. Dunstan blandió, entonces, una vara que tenía en su mano y la visión se desvaneció.

Lo interesante de esta historia es que en ella aparece un elemento fundamental de la magia angélica: el uso de una vara o un arma para controlar a los espíritus. Esta historia, así como la de Merlín, sugiere que la creencia en la magia angélica no fue olvidada, sino que cambió de signo, es decir, comenzó a ser considerada como algo negativo.

Muy elocuente respecto de la supervivencia de la magia angélica luego del Renacimiento, es un manuscrito del siglo XVII que presenta un alfabeto con letras que provienen del hebreo y que sólo pudo haberse mantenido a través de la labor de sucesivos copistas. Esto indica que el manuscrito es, probablemente, parte de un material que fue mantenido en algún lugar de Europa. En el manuscrito, también se incluyen una serie de talismanes hechos de letras conectadas entre sí, hasta formar un monograma. Este tipo de monograma es similar a las cruces encontradas en muchas iglesias católicas, formadas por las letras griegas del nombre de Cristo.

Este manuscrito del siglo XVII indica que algunos elementos básicos de la magia angélica sobrevivieron en la Europa occidental, a pesar de las persecuciones.

La magia angélica en Islam

La magia angélica de los hebreos y los gnósticos sobrevivió, prácticamente sin cambios, dentro del imperio islámico. Probablemente, pudo sobrevivir porque los ritos caldeos originales fueron conservados a través del folclore y, además, porque las persecuciones fueron menores en esta parte del mundo.

Según una descripción de los textos mágicos de la biblioteca de Babilonia, que data del siglo X, las huellas de la magia angélica eran innumerables y contenían *el nombre Inefable y otros misteriosos nombres de ángeles*.

Fue mucho lo que agregaron los magos islámicos a la parafernalia de la magia angélica. Ellos popularizaron el cuadrado mágico e inventaron talismanes basados en él. Hicieron proliferar, además, el uso de los caracteres planetarios (conjunto de siete nombres mágicos, cada uno consagrado a un planeta).

El imperio islámico no sólo preservó los rituales de magia angélica, sino que, además, los exportó a otras regiones del mundo que habían conquistado. Los escritos de magia angélica se extendieron así por el norte de Africa y por España, país que pronto devino en un centro de estudio de este arte que incluía a la vez las matemáticas, la astrología, la alquimia y el tratamiento con los ángeles.

La primera traducción al latín de los textos mágicos árabes y arameos fue efectuada entre el siglo X y el XII por los judíos españoles y los miembros del clero católico de España, Francia y España.

La difusión de estos rituales antiguos de magia angélica en la tradición cristiana comenzó en el siglo X. En 967, un joven monje italiano llamado Gervasio viajó a España y compiló una serie de textos que incluían matemáticas y astrología en relación con la magia angélica. Se dice que fue Gervasio quien introdujo los números arábigos en Europa Central y difundió allí el uso de los relojes.

Muy pronto comenzaron a flotar en torno del joven monje una serie de leyendas. Se decía que había construido una cabeza parlante, una especie de autómata capaz de resolver todos los problemas que se le plantearan, por difíciles que éstos fueran. Se dice también que era asiduamente visitado por los ángeles y que gracias a ellos había obtenido años después, la corona papal. Sus enemigos decían que había hecho un pacto con el demonio y que al morir legó su arte para comunicarse con estas criaturas a sus sucesores.

Uno de sus sucesores fue Gregorio VII, quien tenía reputación de ser un mago angélico. El fue una figura muy importante de la Iglesia y quien estableció la ley de celibato para los clérigos.

Resulta significativo el hecho de que el folclore popular relacione la figura de los papas con la magia angélica. En efecto, por este tiempo, la magia angélica comenzó a hacerse popular en el seno de la Iglesia. En el siglo XI la herejía gnóstica reapareció en Italia y las historias sobre la magia angélica empezaron a florecer en Italia y Francia, los dos países más cercanos a la influencia islámica que sobre ellos ejercía España. El texto que sigue describe una ceremonia de magia angélica realizada en el siglo XI en Francia:

Cada uno llevaba una vela en su manos y todos cantaban los nombres de los demonios hasta que, sorpresivamente, vieron que descendía sobre ellos una deidad que era una suerte de bestia.

Hechizos con ángeles en la Edad Media

Hacia fines del siglo XII, por Europa circulaban una multitud de "grimoires" latinos. Entre ellos se encontraba, probablemente, la temprana versión de **La llave de Salomón** y algunos otros que luego pasaron a la historia. La práctica de la magia angélica se transformó en algo común en el clero católico, aunque no aceptado por la máxima jerarquía de la Iglesia. En el año 1169, un clérigo fue acusado de consultar a un astrólogo y de invocar a los demonios.

Previsiblemente, el redescubrimiento de estos rituales antiguos tiene una influencia importante en las actitudes teológicas de la época. Los más conservadores miembros del clero tendieron a ser escépticos hacia el sistema ritual que permitía tener control sobre los ángeles. Los más abiertos, por el contrario, tomaron los "grimoires" como fragmentos de las enseñanzas hebreas y, a veces, llegaron a equipararlos con el Viejo Testamento mismo.

El sector más abierto del clero fue el encargado de adaptar los viejos rituales a los nuevos tiempos para que fueran más acordes con las ceremonias católicas. Por ejemplo, el «grimoire» titulado **Lemegeton** es un sistema ritual arábico que fue adaptado a la cultura de la Europa Occidental. Por ejemplo, por este tiempo aparece la idea de que las divinidades aladas están agrupadas en jerarquías similares a rangos reales. Comienza a imponerse, así, un orden político en la jerarquía angélica.

El efecto de la cristianización de la magia angélica puede verse claramente en un encantamiento de una versión del **Lemegeton**:

Oh padre omnipotente, oh espíritu sagrado, permite que los espíritus se sienten frente a mí si lo invoco por la letra Alfa, Omega o cualquiera de sus nombres sagrados.

A pesar de los años transcurridos entre esta invocación cristiana y sus raíces caldeas, la clave de la magia angélica continúa residiendo en el conocimiento del nombre de las entidades superiores, las cuales le confieren su poder a las inferiores.

Los integrantes más conservadores de la Iglesia no tardaron en hacer sus objeciones a la práctica de la magia angélica, no porque no creyeran en el hecho de que los hombres pueden controlar a los ángeles, sino por razones éticas. Por otra parte, comenzaba una época de gran antisemitismo y todo lo que estuviera relacionado con los judíos era mal visto y, automáticamente, se convertía en sospechoso. Los "grimoires" contenían elementos gnósticos que constituían la marca de la herejía. El control de los espíritus era considerado todavía parte de los poderes de los hechiceros paganos. Quienes se oponían a esta práctica comenzaron a incluir en los "grimoires" elementos de magia negra -como sacrificios humanos- que no estaban presentes en los originales. El objetivo era que la magia angélica apareciera como una práctica demoníaca condenable.

Así, la jerarquía concluyó que la magia angélica era una herramienta del demonio y que debía ser objeto de persecución. Hacia principios del siglo XIV era considerada una práctica herética.

En 1314, el Papa Juan XXII promulgó una bula condenando a ocho clérigos por utilizar *las negras herramientas de la nigromancia, la geomancia y otras artes por el estilo y por poseer libros referidos a ellas; por haber consagrado ciertos espejos e imágenes de acuerdo a las ceremonias acusadas y porque colocándose en el centro de un círculo invocaron a los demonios, los que pueden contestar sus maldiciones referidas al pasado y al futuro.*

En 1326 promulgó otra Bula en la que amenazaba con la excomunión a todo aquel que practicara la magia angélica o la alquimia. La magia con ángeles quedaba así erradicada de la Iglesia y su dogma.

La Iglesia comenzó, entonces, a combatir la magia angélica también fuera del clero. Cuando murió Peter d'Abano, un mago angélico de gran reputación, los inquisidores de la Iglesia Católica ordenaron que sus restos fueran desenterrados y quemados públicamente. Sus amigos los salvaron de esta afrenta haciendo desaparecer su cadáver, razón por la cual, a falta de su cuerpo, los inquisidores hicieron quemar su imagen.

La magia angélica en el Renacimiento

A partir de este momento la actitud de la Iglesia se tornó marcadamente hostil. No obstante, la magia angélica no murió y comenzó a ser asociada con el humanismo, dando lugar a lo que podría llamarse la Edad de Oro de este tipo de práctica.

La idea de un mago angélico todopoderoso,

que había comenzado a crecer en la Edad Media, se desarrolló rápidamente, y estudiantes y filósofos comenzaron a celebrar las glorias de la realización humana.

Tanto la rama católica como protestante de la Iglesia tendían a ver la condición humana como la pérdida de la gracia de Dios. Los seres humanos eran, desde ese punto de vista, tan corruptos y débiles como Adán, que había probado el fruto prohibido. Para los humanistas, por el contrario, en la raza humana ardía la llama de Dios y la magia angélica reafirmaba el poder y la dignidad esenciales del hombre al ponerlo en un pie de igualdad - o incluso de superioridad - con los ángeles mismos.

Basta citar al respecto el ejemplo de John Trithemius, un devoto de la literatura nacido en 1462, que se convirtió en abad de Spanheim a los veinte años. Escribió un gran número de trabajos y fue un ávido bibliófilo. Cuando fue nombrado abad, la biblioteca del convento de Spanheim contaba con unos cuarenta volúmenes. Muy pronto, bajo su superintendencia, el patrimonio de la biblioteca se incrementó en cientos de volúmenes. Trithemius fue acusado entonces de nigromante y de mantener comercio con los ángeles. La acusación se basaba en una historia, según la cual Trithemius había sido capaz de hacer aparecer al espíritu de María de Burgundia, la última esposa del emperador Maximiliano, ante el afligido marido. Otra de las historias que circulaban, lo hacían aparecer como autor de un libro en el que se explicaba cómo comunicar los pensamientos por escrito a alguien que se encontraba lejos. Trithemius sostuvo que la esteganografía -tal el nombre de ese arte- formaba parte de la magia angélica y rechazó toda imputación de hechicería. Todavía subsiste un conjunto de palabras mágicas atribuidas a Trithemius y un calendario mágico, un curioso trabajo que incluye una de las varias correspondencias mágicas entre los elementos, los números, los planetas y las constelaciones.

Uno de los más famosos magos angélicos fue Enrique Cornelius Agrippa, quien nació en 1486 y llegó ser uno de los hombres más celebrados de su época y alabado por Trithemius, Erasmo, Melanchthon y otros grandes humanistas contemporáneos.

Agrippa fue un hombre de pasiones y temperamento violentos, que le ocasionaron no pocas dificultades a lo largo de su vida. A pesar de esto, tuvo una gran reputación como astrólogo y alquimista y se llegó a pensar de él que había logrado obtener la piedra filosofal. Luego de una tormentosa vida de triunfos y fracasos, murió a la edad de 48 años.

Muchas historias se tejieron en torno de su extraordinaria habilidad en la magia angélica. Una de ellas dice que era acompañado en sus viajes por un espíritu que había adoptado la forma de un perro negro. Cuando cayó en su lecho de muerte, fue convencido para que se arrepintiera de sus pecados. Agrippa así lo hizo: tomó al perro, le quitó su collar y le dijo: *Vete, animal miserable que has sido la causa de mi destrucción*.

Esta historia es negada por Wierus, un discípulo de Agrippa, quien asegura que el perro no era un espíritu, sino un animal inocente. La historia, según Wierus, era el producto de un malentendido. El perro dormía y comía con Agrippa porque éste pasaba días y días sin salir de su habitación. Como la gente le atribuía a Agrippa poderes sobrenaturales porque tenía información de todo lo que sucedía en el mundo, el mago, que no podía justificar su saber de otra manera, no dudó en atribuírselo al perro de quien dijo que era un espíritu.

En aquella época, los magos eran vistos como superhombres que podían controlar vastos poderes, acceder a información secreta y obtener lo que quisieran a través del poder de los ángeles que invocaban. Y, naturalmente, los enemigos de la magia angélica sostenían que los ángeles eran demonios.

El libro que hizo famoso a Agrippa fue **De Occulta Philosophia**, una compilación de muchas fuentes que conformó una enciclopedia de artes ocultas. Esta obra provee el marco filosófico de la magia angélica de la época. Fue escrita en 1510, pero no se publicó hasta 1533.

De Occulta Philosophia fue seguido por otras numerosas publicaciones de artes ocultas, muchas de las cuales contenían rituales de magia angélica de mayor o menor antigüedad. En pocos años más, la magia angélica se había difundido tanto que el mismo Christopher Marlowe transcribía un ritual de magia angélica en su famoso **Doctor Faustus**. Sus fuentes eran, sin duda, **De Occulta Philosophia**, de Agrippa y el **Heptameron**, discutiblemente atribuido a Peter D'Abano.

Marlowe convirtió a Faustus en un practicante de magia negra porque, por alguna razón que desconocemos pretendió calumniar y desacreditar a John Dee, el más grande mago angélico de todos los tiempos, cuyo *modus operandi* analzaremos en el apartado siguiente y que es quien provee las bases de la magia angélica que se practica en la actualidad.

Cinco son los pasos
básicos de todo ritual agélico:
consagración,
invocación, conjuro,
conversación y despedida

COMO TRABAJA UN MAGO ANGELICO

3ª
Revelación

Esto fue lo que me
dijo el ángel:

*TU PUEDES
SER TU PROPIO
MAGO.
OTROS LO FUERON
ANTES QUE TU.*

Los grandes magos

Con excepción de unos contados nombres, a algunos de los cuales ya nos hemos referido, poco es lo que se conoce acerca de los grandes magos angélicos de la historia de la hechicería. Sin duda, aquél sobre el que más información ha conseguido reunirse es John Dee, un conspicuo hechicero del siglo XVI. Sus cartas, incluso, han sido preservadas por diferentes coleccionistas.

Contrariamente a casi todos los que lo precedieron, él estaba lo suficientemente seguro de sus conocimientos y de su práctica como para permitir que el mundo las conociera. A diferencia de los magos Agrippa y Trithemius que, celosos de que sus secretos fueran descubiertos, negaban el arte que realizaban, John Dee se autoproclamó mago angélico y se sintió orgulloso de serlo. Contaba con la protección de personas influyentes, como la reina Elizabeth, el Conde Rosenberg de Trebona y Sir Walter Raleigh. La fluidez de comunicación con los ángeles que alcanzó le valió la reputación de "científico" destinado a la investigación de la magia angélica.

Estudiando la forma de proceder de John Dee me fue posible comprender el mecanismo interior de la magia con ángeles.

La historia de John Dee

Su interés por la magia angélica era la consecuencia natural de su curiosidad y su interés por los estudios científicos de la naturaleza. Había nacido en Londres, en el año 1527, y era hijo de un gentleman servidor de Enrique VIII. El rey, que ya era un hombre maduro cuando John nació, siempre había sentido una marcada preferencia por él, pues le recordaba al muchacho que había sido él mismo en tiempos de su juventud.

John Dee mostró desde temprano gran vocación por el estudio. Cuando no estaba estudiando algún antiguo texto se encontraba tratando de desentrañar algún oscuro tema. A la temprana edad de quince años, abandonó la corte en la que era tan popular y se dedicó de lleno a los libros. Apenas dormía cuatro horas diarias y el resto lo consagraba a incrementar su sabiduría. En poco tiempo, adquirió una vasta cultura. Sus conocimientos de física le permitieron construir, para una representación de una obra de Aristófanes, un escarabajo volador, lo cual en el siglo XVI constituía un logro más que considerable. Trece años más tarde de este hecho, que causó tanto revuelo entre sus contemporáneos, John Dee se dedicó por entero a la magia angélica.

Luego del suceso del escarabajo había comenzado a traducir al inglés a Euclides y se dedicó a comentar sus textos. Si bien en Cambridge sus ideas sobre el famoso matemático no tuvieron repercusión, los duques de Mantua y Medina se interesaron enormemente en ellas y, muy pronto John viajó para exponerlas en París, donde también encontró un eco muy favorable.

¿Por qué un comentario sobre Euclides era capaz de obtener tal repercusión? Porque su enfoque era revolucionario. Por primera vez, alguien decía que las ramas del conocimiento no estaban separadas, sino que todas ellas confluían en el saber matemático. Por eso, la mística y la magia no estaban reñidas con la ciencia, como tampoco lo estaba la teología. De este modo, john Dee le confirió al concepto de magia angélica un estatus científico que hasta entonces no tenía.

Cuando, luego de su periplo por Italia y Francia, regresó a Cambridge, se había convertido en una celebridad y fue recibido por el rey Eduardo, ya que Enrique había muerto en su ausencia. Pero su gloria duró poco. Eduardo fue sucedido por Mary, la hermana de la esposa de Enrique, y ésta lo acusó de haber querido matarla con sus encantamientos. Afortunadamente, John logró disuadirla y pudo continuar con sus experiencias. Por aquella época, estaba sumamente interesado en la astrología.

Durante el posterior reinado de Elizabeth, Dee alcanzó su esplendor científico. Logró reunir quinientos libros y manuscritos, y muchos reyes y emperadores le ofrecieron su protección, pero él se encargó de rechazarla, ya que se encontraba muy cómodo bajo el auspicio de Elizabeth.

Su "modus operandi"

Hacia la mitad de su vida, John Dee sintió que aún no había hecho lo suficiente. Estaba insatisfecho y quería descubrir los secretos de la naturaleza, la piedra filosofal y el elixir de la vida.

Se hallaba convencido de que todos los adelantos en materia tecnológica se conseguirían a través de la magia angélica, una idea que en nuestros días resulta extraña. Pero él no pensaba la historia en términos de progreso, sino de redescubrimiento y estaba seguro de que, si lograba redescubrir los conocimientos de los antiguos magos, lograría un avance científico muy importante.

Como hombre del Renacimiento, admiraba las obras del pasado de Egipto, Grecia y Roma. Además, honraba a los profetas del Antiguo Testamento porque habían recibido su conocimiento directamente de Dios o a través de los ángeles. Para él, el conocimiento estaba en estado puro en la mente de Dios y los ángeles eran el camino para acceder a él.

En el Museo Británico pueden observarse hoy dos de las piedras que utilizaba en la comunicación angélica: un espejo de ónix negro y una esfera de cristal. En su diario, sin embargo, él consigna muchas otras piedras.

La primera comunicación angélica que registró data del 22 de diciembre de 1581. Se trata de una conversación con el ángel Anael, quien se presentó mientras el mago consultaba su bola de cristal. Dee dice haber hablado con él, en parte en inglés, en parte en latín y en parte en hebreo.

Durante las sesiones descriptas por el famoso mago, los ángeles se manifestaban, o bien en la superficie de las piedras utilizadas, o bien en diferentes partes de la habitación, por virtud de la piedra utilizada. Sólo el mago podía invocar al ángel y registrar lo que decía, pero para esto era necesario que prestara toda su atención y mantuviera alerta sus ojos y sus oídos. Por lo tanto, se necesitaba a otra persona que pudiera leer las invocaciones y las encantaciones, "ver" al ángel y repetir su mensaje para que el mago lo transcribiera. La persona que secundó a John Dee en esta tarea -es decir, su "contacto"- fue Edward Kelly. Ambos permanecieron juntos por muchos años invocando la presencia de los ángeles en las piedras y registrando minuciosamente las observaciones de esas sesiones en un diario.

Habían desarrollado un complejo ceremonial destinado a invocar a los ángeles de diferentes jerarquías. Al principio, Dee empleó rituales procedentes de un texto mágico que no ha sido fehacientemente identificado, posiblemente de **De Occulta Philosophia**. Como las sesiones tenían continuidad, Dee tuvo la oportunidad de enriquecerlas con elementos de la Cábala y con material mágico aportado por los ángeles mismos. El mago era anglicano con ciertas inclinaciones católicas y estas creencias religiosas se reflejan en las oraciones pronunciadas durante los ritos. El consideraba, incluso, que estos ritos constituían un sistema sagrado, religioso, no profano. Por lo general, comenzaban con Dee y su asistente sentados a la mesa, separados del piso por tablas cabalísticas que contenían una compleja serie de acrósticos. Después de unas oraciones preliminares, el mago fijaba su mirada en el cristal, mientras su ayudante consignaba por escrito lo que él decía.

A través de este proceso, Dee desarrolló un sistema que llamó "Mystical Heptarchy", consagrado a los ángeles de los siete planetas, que fue el preludio de un sistema más completo que lo hizo famoso: el "Enochian Angel Magic".

El lenguaje angélico

Los ángeles fueron revelando al mago John Dee sus claves. En una de las sesiones, Kelly le dijo al mago que los ángeles estaban ordenando las letras del alfabeto en cuadrados mágicos. El resultado de estas revelaciones fue una gigantesca colección de tablas mágicas que los ángeles atribuían al profeta Enoch. Estas complejas tablas estaban integradas por lo que Dee reconoció como un conjunto de invocaciones escritas en una lengua extraña que, a pesar de ser un consumado políglota, no logró identificar. Junto a los conjuros había numerosos cuadrados mágicos provenientes de la máxima jerarquía angélica, en los que estaban explicados los trece planos de existencia en que los ángeles decían estar organizados.

El lenguaje utilizado por los ángeles fue bautizado por Dee, "lenguaje angélico". Los seres celestiales le aseguraron que era la lengua original que Adán había hablado en el jardín del Edén y que de esa lengua provenía el hebreo.

Este acontecimiento excitó a John Dee, quien sabía que conocer los nombres divinos significaba tener control sobre las criaturas angélicas. En **La llave de Salomón**, texto escrito en hebreo, era posible reconocer nombres como ELOHI, STURIEL, MELEKH, pero sin duda, si estos nombres habían sido dictados por los ángeles, habían sufrido los errores de transcripción de los copistas, por lo que el nombre original se hacía irreconocible. Dee descubrió que los ángeles acudían a él para que restituyera a las invocaciones de magia angélica sus nombres primitivos y, con ellos, les restituyera todo su poder. Como el lenguaje angélico era la más pura forma del lenguaje, la lengua que había utilizado Adán para conversar con Dios, el mago creyó que, conociéndolo, podría dominar a las más altas jerarquías angélicas.

El lenguaje angélico era dictado en forma de conjunto de conjuros que los ángeles llamaron "laves" en clara alusión a **La llave de Salomón**. Superficialmente, estas llaves eran similares a las de Salomón, pero, a diferencia de éstas, tenían una completa traducción al inglés, revelada en forma separada, por los ángeles mismos. Estas traducciones guardan ciertas semejanzas con los conjuros coloquiales que aparecen en los "grimoires", pero aparecen también otros nombres de Dios como MADZILODARP. El nombre de Satán, por su parte, está ausente y es reemplazado por TELOCVOVIM.

Este lenguaje angélico del cual da cuenta John Dee tiene su propia gramática y su propia sintaxis, las cuales se tornan claras apenas se examinan las "llaves" dictadas por los ángeles:

- Las palabras angélicas están conformadas por lo que en lingüística se denomina "morfos pormanteau" (una misma forma que remite a varios significados). Así, la palabra ZIRENAIAD, siendo una unidad, contiene varias unidades diferentes, ya que significa "Yo soy el Señor tu Dios". Se trata de una combinación de ZIR (Yo soy), ENAY (Señor) y IAD (Dios).

- Los nombres angélicos declinan de manera irregular (es decir, que al cambiar su terminación de acuerdo con la función sintáctica que cumplen en la oración, no siguen una regla fija).

- El sistema numérico angélico no guarda relación con ningún otro sistema numérico conocido. Los números que indican la centena son denominados por una sola palabra, que adquiere su sentido preciso en presencia de otros números.

- Los verbos angélicos eran irregulares, pero podían ser conjugados. Los dos sistemas verbales más extensos son los formados por el verbo ZIR (ser) y GOHUS (hablar).

John Dee se entusiasmó enormemente con estos hallazgos y prosiguió con sus investigaciones. Pero muy pronto comenzó a tener conflictos con Kelly. Este trataba de forjarse una reputación como mago, independientemente de Dee. Además, según consta en la historia, los mensajes angélicos comenzaron a "enturbiarse" y a tener cada vez un más fuerte contenido sexual. Se dice, incluso, que el mago comenzó a recibir mensajes, órdenes a ejecutar que le valieron una muy mala reputación en su época.

Los magos contemporáneos afirman que el descubrimiento del lenguaje angélico fue una gran osadía y que su desmesurada incursión en el mundo de los ángeles le habría valido la enemistad de los ángeles de las categorías más bajas, es decir, de los demonios.

Sin embargo, nada de esto ha sido probado y a lo largo de la historia es posible verificar, en cambio, que los ángeles tienen una influencia benéfica en quienes los convocan.

Casos de personas que efectuaron rituales y recibieron ayuda

Los efectos benéficos de los ángeles fueron comprobados por los mismos contemporáneos de Dee. Su propia hermana, que sufría de lo que los médicos de la época llamaban melancolía y que hoy se llamaría depresión, fue beneficiada por los contactos angélicos de John. En efecto, el mago invocó más de una vez a los ángeles para que éstos protegieran la débil salud de Mary, su querida hermana, y de esta manera, ella logró salir del letargo que la mantenía postrada en la cama.

Otros magos angélicos de menor reputación que él, le pedían fórmulas para solucionar problemas específicos como amores contrariados o falta de dinero y Dee las otorgaba generosamente, porque consideraba que el suyo era un saber científico que debía ser difundido.

Lo importante de sus enseñanzas era que difundía

que cada cual podía convertirse en su propio mago y obtener así los favores de los ángeles. Pero esta verdad, a la que él le dio estatus científico, ya había sido aplicada intuitivamente por otros personajes de la historia como Leonardo Da Vinci. En efecto, se dice de Leonardo que recurrió a los rituales de magia angélica para buscar la protección de los ángeles en la construcción de su "máquina de volar" y que, gracias a esto, su proyecto alcanzó un grado de desarrollo tal que pudo ser utilizado por las generaciones posteriores. Hoy todo el mundo reconoce la deuda que el avión tiene con sus experimentos.

El Magno Parsifae explicó en su **Tractatus** -un libro que consulté en Europa y que constituye hoy en día toda una curiosidad, ya que es prácticamente inhallable- un sinfín de rituales para obtener de los ángeles diferentes cosas. Muchos de los rituales que se utilizan hoy en día, comenzando por la construcción del templo de invocación que se explica en un apartado posterior, provienen de este libro medieval y han servido para que mucha gente se beneficiara con ellos.

A principios de siglo tuvo gran repercusión en los Estados Unidos el caso de la joven Lauree Duncan, quien padecía de parálisis casi total debido a un accidente que había dañado su médula espinal. Los médicos le habían asegurado que jamás volvería a caminar y habían apoyado esta afirmación con todo tipo de pruebas clínicas. Su madre, desesperada, no se dio por vencida. Luego de haber consultado a todos los especialistas en el tema y de haber obtenido siempre la misma respuesta, se decidió a incursionar en caminos no tradicionales. Recordó, entonces, que su propia madre cuando ella y sus hermanas eran pequeñas, invocaba a los ángeles cada noche por medio de una oración. De pronto, vino a su mente la imagen de su hermana menor a la que los médicos habían desahuciado luego de que pasara una semana delirando de fiebre, atacada de un extraño mal que nadie podía diagnosticar. Su madre contaba con una nutrida biblioteca que era la más preciada herencia que había recibido de su familia y en ella había una copia del **Tractatus**. En ese libro, la desesperada madre de Lauree encontró un ritual específico para curar enfermedades "sin nombre", es decir, enfermedades cuyo origen los médicos ignoraban y que, por lo tanto, no estaban tipificadas en los libros de medicina. Junto a la cama de Lauree construyó el templo de invocación y puso en práctica el ritual indicado. Durante un mes se comunicó diariamente con las divinidades aladas, tanto con el ángel protector de su hija, Omael, como con Rafael, el arcángel sanador. Al cabo de un mes el arcángel Rafael le dejó un mensaje que la mujer sólo estuvo en condiciones de comprender algún tiempo después. El mensaje decía:

Tu hija tiene en su cuerpo un ala blanca que está rota. Desde aquí la veo. Es totalmente blanca, pero su blancura está interrumpida por una línea negra que la separa en dos. ¡Cuán blanca es el ala, cuán blanca! Yo limpiaré con mis alas, en tres días, la mancha negra que interrumpe su blancura.

La madre de Lauree sintió que este mensaje angélico era fundamental, pero no podía descifrarlo. Durante los dos días siguientes invocó inútilmente a los ángeles para que le aclararan el mensaje, pero éstos no acudieron a la cita. Al amanecer del tercer día, Rafael se le apareció en sueños sin que ella lo invocara y le dijo:

La mancha negra ha desaparecido. Te ordeno que sientes a tu hija en la cama y que luego le indiques que se pare. Sin la mancha negra, volverá a ser la que fue.

La mujer se levantó con el positivo estado de ánimo que suele acompañar a los sueños felices, pero supuso que sólo se trataba de un sueño, que el ángel no había estado "realmente" allí. Sin embargo, fue hasta la cama de su hija con la intención de hacer lo que Rafael le había indicado. Lauree sonreía de manera inusual. Su madre le dijo: *Voy a sentarte en la cama y luego vas a pararte.* Contra lo que esperaba, Lauree no opuso resistencia. Se sentó en la cama (cosa que hacía dos años que no podía hacer) y, acto seguido, se irguió sobre sus piernas y caminó hasta la ventana. Su madre lloró de felicidad, y de pronto, comprendió las palabras que le había dicho el ángel. El ala rota a la que se refería era la médula espinal y la mancha negra era el corte que Lauree había sufrido en ella y que le impedía moverse.

El "caso Lauree" fue muy conocido en Estados Unidos como uno de los logros más espectaculares de sanación angélica y aún hoy la gente habla de él.

Recientemente, un hombre alarmado por la afirmación de ciertos psicólogos desinformados según los cuales, los casos de apariciones angélicas son fenómenos de alucinación, me pidió que le indicara algunos rituales de invocación para ponerse en comunicación con los ángeles. Le indiqué algunos rituales sencillos tomados de **Vita Angellorum**, un manuscrito anónimo del siglo XIII que se editó a principios de siglo, pero le advertí que el encuentro con los ángeles se vería obstaculizado, si lo promovía movido más por la curiosidad que por el genuino deseo de encontrarse con ellos. Me contestó que nada deseaba más que tener un encuentro angélico, pero que nunca se le habían presentado de manera espontánea y que, en consecuencia, quería poner en práctica los rituales que le aseguraran un contacto efectivo con su ángel protector. Atravesaba una difícil situación económica y necesitaba que los ángeles le ayudaran a resolverla. Le indiqué los rituales específicos para este tipo de problemas y, al poco tiempo, su situación comenzó a mejorar. Los ángeles habían "destrabado" el conflicto, gracias a lo cual el esfuerzo que él realizó comenzó a dar buenos resultados. Esto es una constante en la ayuda angélica: los ángeles son los encargados de canalizar efectivamente el esfuerzo de quien los invoca, pero no pueden reemplazarlo. Si la persona que me consultó se hubiera abandonado a su suerte, esperando que las cosas se solucionaran mágicamente, el encuentro con los ángeles no habría servido para modificar la situación.

Los rituales son efectivos siempre que sean cumplidos con un alto nivel de entrega, con confianza en lo que se está haciendo y con el compromiso de tomar la ayuda angélica como un estímulo que lleve a la acción. Cuando se dan todas estas condiciones, tal como hemos podido observar en los casos citados, los ángeles descienden hacia nosotros y nos tienden su mano bienhechora.

QUE PUEDEN OFRECERLE LOS ANGELES

4ª

Revelación

Esto fue lo que me
dijo el ángel:

*YO PUEDO SER EL
INSTRUMENTO DE TU
PAZ, DE TU
PROSPERIDAD, DE TU
CURACION, DE TU
PROTECCION. POR LO
TANTO, SOY EL
INSTRUMENTO DE TU
FELICIDAD.*

 esta altura del libro usted habrá comenzado a preguntarse: ¿qué pueden ofrecerme los ángeles? ¿Qué puedo obtener invocándolos? ¿Cuál es el sentido de su presencia en mi vida?

Los ángeles son mensajeros de Dios. Por eso, no importa cuál sea la religión que usted practique, siempre podrá invocar la protección angélica sin renunciar a sus creencias ni modificarlas en los más mínimo. Los ángeles lo ayudarán, tanto si es católico como si es judío o musulmán.

En cuanto a qué es lo que pueden ofrecerle, voy a contestarle con las palabras mismas que me dijo el ángel:

Los ángeles pueden ser el instrumento de su paz, de su prosperidad, de su curación, de su protección. Por lo tanto, pueden ser el instrumento de su felicidad.

Usted puede invocarlos cuando tenga un problema de dinero, un malestar espiritual, cuando necesite preservar su salud o la de sus seres queridos, cuando necesite protección o consejo para llevar a cabo una empresa difícil... Ellos lo guiarán diciéndole lo que tiene que hacer, aunque quizás no de una manera literal, sino de una forma que usted tendrá que interpretar.

La invocación a los ángeles no tiene restricciones. Usted puede llamarlos todos los días, cada vez que los necesite.

Cómo convertirse en su propio mago

Usted puede convertirse en su propio mago. Pero recuerde que los rituales exigen el cumplimiento de ciertas reglas, algunas de las cuales son de orden general y otras, de orden particular. Esto significa que hay exigencias que son comunes a todo rito mágico y otras que son específicas de cada uno. Las consideraciones generales que deberá tomar en cuenta son las siguientes:

• Debe poseer una absoluta fe en las operaciones que realice y entregarse a ellas con total concentración, sin expresar dudas o sentimientos negativos. El éxito de un rito mágico depende en gran medida de la convicción con que se lo lleve a cabo. Por esta razón, no deben permitirse bromas respecto de lo que está haciendo, ya que si toma su forma de proceder con ligereza, no obtendrá ningún resultado positivo.

• Una de los principios de la magia es el secreto. Recuérdelo: si va a ejecutar un trabajo de magia angélica o de cualquier otro tipo, no debe comunicárselo a nadie.

• Si va a bañarse, hágalo antes de llevar a cabo el rito y no después. Del mismo modo, no conviene que tenga relaciones sexuales inmediatamente después de una actuación mágica.

• Evite cruzar los pies o las manos durante una operación mágica. Sólo podrá cruzar los pies cuando consagre talismanes.

• Si utiliza velas, no debe apagarlas soplando pues de esta forma anulará el efecto del ritual. Apáguelas con un espabilador o con los dedos humedecidos.

Las consideraciones particulares que deberá tomar en cuenta para realizar un rito de magia angélica, son las siguientes:

1 - Preparación del ambiente

Los ángeles adoran los ambientes calmos, suavemente perfumados y con música agradable. Esta es una regla general, cualquiera sea el tipo de invocación que haga. Procure que la calma reine en toda la casa y no sólo en el lugar donde haya instalado el templo.

2- Preparación del templo, ofrendas y consagración de talismanes

En el apartado siguiente, encontrará una explicación detallada acerca de cómo construir el templo. En él deberá hacer ofrendas y consagrar talismanes. Las ofrendas consistirán en alguna hierba aromática o en algún elemento específico destinado al ángel que se está invocando, por ejemplo, dinero, alcohol o una bella obra de arte. Los talismanes son objetos que cargará de energía angélica y que luego deberá preservar, colocándolos en bolsitas de terciopelo blanco que llevará siempre con usted. De esta manera, la energía angélica lo protegerá en todo momento.

3- Afirmación

Una afirmación es la ratificación, la objetivación de nuestra fe en el ritual que estamos llevando a cabo y en el ángel o los ángeles que vamos a invocar. Por tener un sentido positivo muy fuerte, las afirmaciones constituyen una excelente modo de preparar el camino para la invocación. Una afirmación tipo, en el caso de la magia angélica, sería, por ejemplo:

Los ángeles son seres de luz capaz de darnos sabiduría, paz, salud, serenidad, calor. Habitan en un plano diferente del plano físico y son mensajeros de Dios. Invocándolos y pidiendo su ayuda, invocamos y pedimos la ayuda de Dios.

4- Invocación

Consiste en pronunciar una oración pidiendo la presencia del ángel. El tipo de oración depende del ángel que se invoca. En los apartados siguientes le enseñaremos oraciones específicas para los diferentes ángeles y usted podrá elaborar las propias de acuerdo con los modelos proporcionados. Son tres los elementos que no pueden faltar en una invocación:

- el nombre del ángel que se invoca;
- el nombre de quien lo invoca; y
- la celebración o elogio del ángel invocado.

Es importante que pronuncie el verbo "invocar" ya que es un tipo de verbo de los que suelen llamarse performativos, es decir, que realizan por sí mismos la acción que enuncian. Esto significa que, así como el acto de prometer se lleva a cabo al decir "yo prometo", el acto de invocar se lleva a cabo al decir "yo invoco". Esto no ocurre con el resto de los verbos, ya que decir, por ejemplo, "yo corro" no implica que, al pronunciar dicho verbo, se esté realizando el acto de correr.

Si usted invoca al ángel Kadriel, por ejemplo, la invocación deberá seguir estas pautas:

Kadriel, a ti te invoco (nombre del ángel, mención del verbo invocar).

Yo, (aquí debe pronunciar su nombre) *te llamo a mi lado para que prestes tu valiosa ayuda.*

Te llamo, Kadriel, porque eres un ser de luz y sólo tú puedes socorrerme en este trance. Sólo tú, que eres mensajero de Dios y estás investido de Su poder. Tú eres generoso y sabio y no me negarás lo que te pido.

5- Pedido o mandato

El pedido debe ser claro y asertivo. Esto significa que siempre es preciso pedir de manera positiva, no negativa. Por ejemplo:

Te pido que me concedas dinero y prosperidad material.

Nunca diga:

Te pido que el dinero no me falte.

6- Sellado del mandato

El mandato que se le entrega al ángel debe ser sellado por las palabras mágicas indicadas. Por ejemplo:

EBERJANON - ANOAI. *Que así sea.*

7- Recepción del mensaje angélico

Luego de efectuar el sellado del mandato, se debe esperar un tiempo prudencial para esperar la palabra del ángel. Hay que estar atentos a la forma en que éste se manifieste, aunque no necesariamente lo hará inmediatamente después del rito. Los ángeles se manifiestan de diferentes formas.

Los medios que utilizan con mayor frecuencia son:

• **Escritura automática.** Tome un anotador y escriba lo que quiere pedir o lo que quiere saber, por ejemplo:

¿Por qué mi hijo tiene problemas de conducta?

Relájese y deje que su mano (aquella que sostiene la lapicera) se deslice por el papel. Permita que fluyan los garabatos, dibujos y palabras incoherentes. Sin proponérselo, llegará un tiempo en que transcribirá con total corrección frases y hasta páginas enteras dictadas por los ángeles.

• **Diálogo interior.** Después de que usted haya "escrito" en su corazón la palabra que abre el diálogo, espere. Un tiempo después visualizará la respuesta "dibujada" con luces en el centro de su pecho o escuchará algunas palabras pronunciadas interiormente, como si hablase la voz de su conciencia.

• **Los sueños.** A pesar de que los ángeles suelen aparecer espontáneamente en sueños, usted también puede invocarlos para que aparezcan allí. Descifrar el lenguaje onírico no es fácil, sin embargo, cuando los ángeles se valen de los sueños de una persona para hacerle conocer sus señales (advertirle que corre peligro, por ejemplo) las imágenes son claras y directas y -prácticamente- no encierran metáfora alguna. Es decir, que lo que se "ve" durante el sueño es una representación fiel de la realidad (pasada, presente o futura).

• **La vía oracular.** Si tiene un mazo de cartas con ángeles, podrá utilizarlo a modo de oráculo. Basta con que se concentre en formular la pregunta y luego, extraiga uno o dos naipes (según el mazo) para obtener la respuesta. Las preguntas a las cartas suelen hacerse de manera amplia y positiva. Por ejemplo:

¿Qué necesito para curarme de mi mal?

Jamás diga:

¿Qué enfermedad tengo?

La respuesta suele contener un mensaje más espiritual que físico, lo que no significa que sea poco práctico. Es sabido que tanto los problemas como las soluciones se originan primero en el plano etérico y, mucho tiempo después, recién se manifiestan en el cuerpo.

8- Agradecimiento

No olvide nunca agradecer al ángel que ha invocado con palabras sencillas y directas. Por ejemplo:

Yo te agradezco, Kadriel, tu presencia en mi vida y tu buena voluntad hacia mi pedido.

Cómo saber cuál es su ángel protector

Casi todos tenemos nuestro ángel protector -ya veremos que hay quienes no lo tienen destinado, sino que lo pueden elegir-, lo cual no significa que sea sólo ése el que nos proteja. Nuestro ángel protector es aquél que está siempre a nuestro lado, dispuesto a brindarnos su ayuda. Pero también hay otros ángeles que cumplen funciones específicas a los que invocamos, por ejemplo, cuando queremos alejar las vibraciones negativas de nuestro hogar o cuando necesitamos reavivar la pasión en la pareja.

De acuerdo con la Cábala existen 72 ángeles, 72 espíritus puros creados por Dios para servirlo y adorarlo. Cada uno de esos ángeles rige cinco días de nuestro calendario, lo que suma un total de 360 días. Los cinco días restantes no están regidos por ningún ángel en especial y quienes nacen en esos días -19 de marzo, 31 de mayo, 12 de agosto, 5 de enero y 24 de octubre- son llamados "genios protectores" y están destinados a combatir la ignorancia, la impureza y el libertinaje que reinan en la humanidad. Estos individuos tienen el privilegio de poder elegir su ángel de la guarda. Los 72 ángeles, como ya explicamos en un apartado anterior, se dividen en diferentes especies angélicas. Si usted quiere saber cuál es el ángel guardián que le corresponde, consulte la tabla que publicamos en este apartado. En la primera columna deberá buscar su fecha de nacimiento (excepto si ha nacido en cualquiera de los cinco días que no están regidos por ningún ángel en especial). En la segunda columna encontrará el nombre de su ángel guardián y en la tercera, la especie angélica a la cual pertenece.

Conozca a su ángel guardián

Fecha de nacimiento	Nombre del ángel	Especie angélica
6/1, 20/3, 1/6, 13/8, 25/10	Vehuiah	Serafín
7/1, 21/3, 2/6, 14/8, 26/10	Leliel	Serafín
8/1, 23/3, 3/6, 15/8, 27/10	Sitael	Serafín
9/1, 23/3, 4/6, 16/8, 28/10	Elemiah	Serafín
10/1, 24/3, 5/6, 17/8, 29/10	Mahasiah	Serafín
11/1, 25/3, 6/6, 18/8, 30/10	Lelahel	Serafín
12/1, 26/3, 7/6, 19/8, 30/10	Achaiah	Serafín
13/1, 27/3, 8/6, 20/8, 1/11	Cahethel	Serafín
14/1, 28/3, 9/6, 21/8, 2/11	Haziel	Querubín
15/1, 29/3, 10/6, 22/8, 3/11	Aladiah	Querubín
16/1, 30/3, 11/6, 23/8, 4/11	Laoviah	Querubín
17/1, 31/3, 12/6, 24/8, 5/11	Hahahiah	Querubín
18/1, 1/4, 13/6, 25/8, 6/11	Yezalel	Querubín
19/1, 2/4, 14/6, 26/8, 7/11	Mebahel	Querubín
20/1, 3/4, 15/6, 27/8, 8/11	Hariel	Querubín
21/1, 4/4, 16/6, 28/8, 9/11	Hekamiah	Querubín
22/1, 5/4, 17/6, 29/8, 10/11	Louviah	Trono
23/1, 6/4, 18/6, 30/8, 11/11	Caliel	Trono

Fecha de nacimiento	Nombre del ángel	Especie angélica
24/1, 7/4, 19/6, 31/8, 12/11	Leuviah	Trono
25/1, 8/4, 20/6, 1/9, 13/11	Pahaliah	Trono
26/1, 9/4, 21/6, 2/9, 14/11	Nelcahel	Trono
27/1, 10/4, 22/6, 3/9, 15/11	Ieaiel	Trono
28/1, 11/4, 23/6, 4/9, 16/11	Melahel	Trono
29/1, 12/4, 24/6, 5/9, 17/11	Haheuiah	Trono
30/1, 13/4, 25/6, 6/9, 18/11	Nith-Haiah	Dominación
31/1, 14/4, 26/6, 7/9, 19/11	Haaiah	Dominación
1/2, 15/4, 27/6, 8/9, 20/11	Ieratel	Dominación
2/2, 16/4, 28/6, 9/9, 21/11	Seheiah	Dominación
3/2, 17/4, 29/6, 10/9, 22/11	Reyel	Dominación
4/2, 18/4, 30/6, 11/9, 23/11	Omael	Dominación
5/2, 19/4, 1/7, 12/9, 24/11	Lecabel	Dominación
6/2, 20/4, 2/7, 13/9, 25/11	Vasahiah	Dominación
7/2, 21/4, 3/7, 14/9, 26/11	Iehuiah	Potencia
8/2, 22/4, 4/7, 15/9, 27/11	Lehahiah	Potencia
9/2, 23/4, 5/7, 16/9, 28/11	Chavakiah	Potencia
10/2, 24/4, 6/7, 17/9, 29/11	Menadel	Potencia
11/2, 25/4, 7/7, 18/9, 30/11	Aniel	Potencia
12/2, 26/4, 8/7, 19/9, 1/12	Haamiah	Potencia
13/2, 27/4, 9/7, 20/9, 2/12	Rehael	Potencia
14/2, 28/4, 10/7, 21/9, 3/12	Ieazel	Potencia
15/2, 29/4, 11/7, 22/9, 4/12	Hahahel	Virtud
16/2, 30/4, 12/7, 23/9, 5/12	Mikael	Virtud
17/2, 1/5, 13/7, 24/9, 6/12	Veuliah	Virtud
18/2, 2/5, 14/7, 25/9, 7/12	Yelaiah	Virtud
19/2, 3/5, 15/7, 26/9, 8/12	Sealiah	Virtud
20/2, 4/5, 16/7, 27/9, 9/12	Ariel	Virtud
21/2, 5/5, 17/7, 28/9, 10/12	Asaliah	Virtud
22/2, 6/5, 18/7, 29/9, 11/12	Mihael	Virtud
23/2, 7/5, 19/7, 30/9, 12/12	Vehuel	Principado
24/2, 8/5, 20/7, 1/10, 13/12	Daniel	Principado
25/2, 9/5, 21/7, 2/10, 14/12	Hahasiah	Principado
26/2, 10/5, 22/7, 3/10, 15/12	Imamaiah	Principado
27/2, 11/5, 23/7, 4/10, 16/12	Nanael	Principado
28/2, 12/5, 24/7, 5/10, 17/12	Nithael	Principado

Fecha de nacimiento	Nombre del ángel	Especie angélica
1/3, 13/5, 25/7, 6/10, 18/12	Mebahiah	Principado
2/3, 14/5, 26/7, 7/10, 19/12	Poiel	Principado
3/3, 15/5, 27/7, 8/10, 20/12	Nemamiah	Arcángel
4/3, 16/5, 28/7, 9/11, 21/12	Ieialel	Arcángel
5/3, 17/5, 29/7, 10/10, 22/12	Harahell	Arcángel
6/3, 18/5, 30/7, 11/10, 23/12	Mitzrael	Arcángel
7/3, 19/5, 31/7, 12/10, 24/12	Umabel	Arcángel
8/3, 20/5, 1/8, 13/10, 25/12	Iah-Hel	Arcángel
9/3, 21/5, 2/8, 14/10, 26/12	Anauel	Arcángel
10/3, 22/5, 3/8, 15/10, 27/12	Mehiel	Arcángel
11/3, 23/5, 4/8, 16/10, 28/12	Damabiah	Angel
12/3, 24/5, 5/8, 17/10, 29/12	Manakel	Angel
13/3, 25/5, 6/8, 18/10, 30/12	Ayel	Angel
14/3, 26/5, 7/8, 19/10, 31/12	Habuhiah	Angel
15/3, 27/5, 8/8, 20/10, 1/1	Rochel	Angel
16/3, 28/5, 9/8, 21/10, 2/1	Yabamiah	Angel
17/3, 29/5, 10/8, 22/10, 3/1	Haiaiel	Angel
18/3, 30/5, 11/8, 23/10, 4/1	Mumiah	Angel

Si usted no tiene la tabla a mano y no sabe a qué entidad invocar para solucionar un problema o pedir ayuda, escriba en diferentes papeles los nombres de todos los seres celestes que conozca. Luego extraiga un papel, sin mirar, y convoque al ángel que figure allí. Recuerde que el nombre que llevan puede emplearse en género masculino o femenino, según se prefiera. Por ejemplo, Uriel o Uriela, Rafael o Rafaela.

Si usted ha nacido en alguno de los cinco días que no cuentan con la protección de un ángel determinado, elija a su ángel guardián pronunciando la siguiente oración:

Yo (su nombre) *te nombro a Ti* (nombre del ángel elegido) *para que me acompañes de noche y de día, para que estés a mi lado socorriéndome en los momentos difíciles e incrementando mi alegría en los momentos de dicha.*

Si todos los seres humanos tienen el amparo de un ángel, también quiero disfrutar yo de ese privilegio. Te elijo porque eres un ser pleno de luz, porque estás investido del poder de Dios y porque me he prendado de tu nombre en el cual anida tu poder. Angel (nombre del ángel elegido) *camina a mi lado, igual que mi sombra, sé mi compañero, deja que tu luz caiga sobre mí e ilumina mi camino.*

Puede utilizar la misma oración para elegir el ángel guardián de un ser querido, por ejemplo su hijo, que ha nacido en alguno de los cinco días que no cuentan con la protección de un ángel determinado. En ese caso, en la oración debe incluir el nombre del ser para quien elige ángel de la guarda.

Los otros ángeles protectores

Si lo que tiene que pedir es muy específico, (por ejemplo, dinero, felicidad conyugal, protección para su hijo) puede invocar, además de su ángel guardián, a otros ángeles.

Aunque todos ejercen una función protectora sobre los diversos aspectos de nuestra vida, cada uno de ellos tiene cualidades especiales sobre un área determinada. Por eso, usted puede invocar a diferentes ángeles, según sus problemas específicos.

Por ejemplo, si usted nació el 11 de noviembre, su ángel protector es Caliel y cuando necesite protección angélica, necesariamente deberá invocar su nombre. Pero si además de protección general para su vida, precisa solucionar problemas de dinero, además puede invocar a Vehuiah, Reyel, Omael, Yabamiah, Haiaiel, Ayel o Mumiah, según qué tipo de problema de dinero se trate.

A continuación, se especifican los ángeles que deberá invocar en relación con objetivos específicos.

Para solucionar problema de dinero
- Vehuiah, Reyel, Omagel, si hemos sido

víctimas de una estafa o de una acción de mala fe que ha disminuido nuestro patrimonio.
• Yabamiah, Haiaiel, Ayel, si lo hemos perdido en juegos de azar.
• Mumiah en cualquier otra circunstancia.

Para retener a la pareja

• Nitahel si sentimos que nuestra pareja no corresponde nuestros sentimientos.
• Daniel, Nanael, Vehuel si hemos sido víctimas de una infidelidad.
• Ariel, Veuliah, Aniel, en cualquier otra circunstancia.

Para que la pasión extinguida vuelva a encenderse

• Iah- Hel, Chavakiah, Menadel, si se trata de una pareja de muchos años que tiene hijos.
• Sealiah, Rehael, Haamiah, Rochel, si se trata de una pareja reciente o de muchos años que no tiene hijos.

Para que se solucionen los problemas de un ser querido

• Poiel, Ieialel, Harahell, si se trata de hijos.
• Asaliah, Manakel, si se trata de la pareja.
• Leiazel, Yezalel, si se trata de otro pariente o de un amigo.

Para recibir ayuda en una situación difícil

• Anauel, Mehiel, Damabiah si se trata de la muerte de un ser querido.
• Umabel, Mitzrael, Harahell si se trata de profundas dudas interiores.
• Mihael en cualquier otra circunstancia.

Para mantener o mejorar la salud propia o ajena

• Hahahel, Mikael, Nemamiah, Habuiah, si se trata de una enfermedad grave o incurable.

• Jeliel si se trata de una enfermedad leve o curable.

• Sitael, Elemiah, si se trata de la sospecha o el temor de una enfermedad aún no confirmada por el médico.

Para colmar el hogar de energía positiva

• Lehahiah, Melahel, Caliel, Hariel, si existe una sospecha de que alguien quiere hacernos daño.

• Haziel, Aladiah, Laoviah en cualquier otra circunstancia.

Para conseguir trabajo

• Lelahel, Achaiah, Cahethel, si estamos desocupados.

• Lehuiah, Lecabel, Vasahiah, si queremos un segundo trabajo.

• Leratel si queremos cambiar de actividad o en cualquier otra circunstancia.

Para pedir serenidad

• Haaiah, Nith-Haiah, Haheuiah, si sentimos que nuestro espíritu está inquieto.

• Lauviah, Leuviah, Pahalia si experimentamos angustia.

• Mahasiah en cualquier otra circunstancia

Tenga en cuenta que después de establecer comunicación con un ángel, se experimentan sentimientos agradables como paz, armonía, gozo, bienestar. Si usted ha sentido angustia, desolación o temor a realizar el ejercicio, es probable que haya contactado con una entidad de nivel inferior. ¡Vuelva a intentarlo!

COMO CONSTRUIR UN TEMPLO DE INVOCACION

5^a

Revelación

Esto fue lo que me dijo el ángel:

SI YA TENGO UN LUGAR EN TU CORAZON, PROCURA QUE TAMBIEN TENGA UN LUGAR EN TU HOGAR

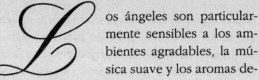

os ángeles son particularmente sensibles a los am-
bientes agradables, la música suave y los aromas de-
licados. Por lo tanto, todo ambiente que reúna estas características resultará propicio para alojarlos.

Sin embargo, su presencia es más segura cuando
se les destina un lugar específico en el hogar. El sólo hecho de
preparar este lugar pone de relieve la importancia que tiene
para nosotros la presencia del ángel y constituye un entrena-
miento espiritual previo al encuentro. Recuerde que todos los
magos angélicos de la historia construyeron su templo, porque
dicha construcción constituye el primer paso del ritual. Por lo
general, se trataba de un círculo mágico donde, como ya diji-
mos, se colocaban los objetos y los nombres sagrados.

Si no dispone de un sitio en el que le resulte
posible dejar el templo armado, puede levantarlo cada vez
que desee comunicarse con los ángeles, ya que su construcción es sumamente sencilla. Incluso, según el tipo de
entidad angélica que invoque, podrá construir el templo
bajo techo o al aire libre (en el caso, por ejemplo, de que
invoque a una potencia).

Procedimiento

El templo que a continuación enseñaré a construir está basado en el **Tractatus de divinidades aladas**,
del Magno Parsifae, un interesantísimo manuscrito medieval con fórmulas de magia angélica que hallé en una biblioteca de Europa.

Lo interesante de este Tractatus es que, a pesar
que de acuerdo con la época, el saber del mago era un saber cuasi secreto al que ninguna persona podía tener acceso, el Magno Parsifae se atrevió a enseñar las claves de su
magia para que sus descendientes pudieran ponerlas en
práctica el día en que él ya no estuviera sobre la tierra.

Según las enseñanzas del Magno Parsifae, toda

persona puede convertirse en mago, si aplica las fórmulas correctas. Yo mismo puse en práctica cada uno de los rituales angélicos que él describe y puedo decir -por haberlo experimentado- que el templo angélico que propone difiere en cierto grado de los propuestos por otros famosos magos y constituye el lugar perfecto para recibir a los ángeles. Estas son sus instrucciones básicas para construir un templo de invocación angélica.

1- Arme un palio con un lienzo blanco

Fiel a la teoría de los antiguos de que lo semejante atrae a lo semejante, Parsifae establece que si los ángeles son entidades de luz que se expresan bajo la forma de seres alados con túnicas blancas, es imprescindible que en el templo haya un elemento de características similares. El recomendaba, por lo tanto, erigir el altar bajo un palio -un toldo levantado sobre cuatro columnas de madera- construido con plumas de pájaro o bajo un lienzo blanco. Yo aconsejo hacerlo con un lienzo blanco que, previamente, haya haber sido perfumado con mirra o con lavanda. Este palio deberá cubrir el círculo mágico de invocación. Lo más sencillo es tomar cuatro palos que superen nuestra altura y atar en el extremo superior de cada uno, cada una de las cuatro puntas del lienzo. El extremo inferior debe sujetarse enterrándolo en una maceta con tierra y/o arena. Si para usted hay lugares con tierra o arena que tienen un valor afectivo particular -por ejemplo, la casa de su infancia o la arena de la playa en que pasó las vacaciones más felices- no dude en utilizar la tierra o la arena de ese lugar o en mezclar ambos elementos.

2- Marque bajo el palio los cuatro puntos cardinales

Si ha erigido el templo en un lugar cerrado, márquelos con una tiza en el suelo. Si, en cambio, lo ha levantado al aire libre, márquelos con una piedra.

3- Trace una cruz

Si une el Norte con el Sur y el Este con el Oeste, el resultado será necesariamente una cruz. Le recomiendo que forme la cruz con dos tramos de cinta blanca de seda, ya que este material tiene brillo y refleja la luz, lo cual lo hace especialmente apto para atraer a los seres angélicos.

4- Trace un círculo mágico

Rodee la cruz con un círculo del mismo material, es decir, con una cinta de seda blanca. Este círculo es el círculo mágico y dentro de él deberá colocarse usted para oficiar de mago.

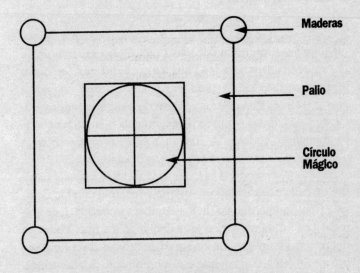

Maderas

Palio

Círculo
Mágico

¿Qué debe colocar en el templo?

1- Los nombres sagrados

El círculo, al ser cruzado por los dos tramos de cinta blanca que señalan los cuatro puntos cardinales, se divide en cuatro secciones. Usted debe llenar por lo menos una de ellas, con el sagrado nombre del ángel que invoca. Si pretende que su ángel cuente con eventuales ayudantes, las otras secciones deben contener el nombre de tres ángeles de la misma especie. Por ejemplo, si su ángel es un trono y se llama Lauviah, usted puede elegir tres tronos más entre los que le siguen en la tabla del apartado 4, pero también tiene la opción de elegir sólo uno o dos.

Escriba cada nombre sagrado en un trozo de papel diferente. Este deberá ser blanco. El nombre debe estar escrito con letra cursiva y no de imprenta, ya que las letras de imprenta se encuentran separadas entre sí, por lo que cada una actúa como un centro de energía independiente. La letras manuscritas, en cambio, están ligadas y actúan como un todo energético.

2- Las armas sagradas

Las armas sagradas como el bastón, el cuchillo o la espada, que caracterizaban a los antiguos ritos de magia angélica, son reemplazadas hoy por armas simbólicas. Las más efectivas son las virtudes o cualidades, es decir, aquellos rasgos de su personalidad que usted considera más positivos. Por ejemplo, si usted es perseverante y paciente, esas armas serán la perseverancia y la paciencia. Si es abnegado, generoso y responsable, esas armas serán la abnegación, la generosidad y la responsabilidad.

Sean cuales fueren sus virtudes, escriba el nombre de cada una de ellas en un trozo de papel con letra cursiva y colóquelo debajo de los nombres sagrados. Este elemento es fundamental en la magia angélica que, como ya dije anteriormente, es un conjunto de rituales de control sobre los ángeles, control que está simbolizado por las armas. En este caso, su poder de control sobre los seres angélicos está constituido por sus virtudes humanas.

3- Los talismanes

El talismán es un objeto cargado de energía positiva, en este caso, esa energía positiva es energía angélica. Una vez cargado, esa energía es emanada por él en forma continua, atrayendo la buena suerte.

Como ya indiqué en un apartado anterior, el único límite de la magia angélica es la imaginación del mago. Cualquier objeto es potencialmente transformable en talismán, aunque hay algunos que son más indicados que otros.

Si usted quiere dar con el objeto capaz de absorber mayor cantidad de energía angélica, tenga en cuenta la naturaleza del ángel que invoca. Existe un tipo de talismán apropiado para absorber cada tipo de energía angélica. (Ver Tabla de talismanes y ofrendas, al pie de esta página). Una vez que el ángel ha hecho su aparición y usted ha obtenido su talismán, protéjalo con una bolsita de terciopelo blanco y téngalo siempre junto a usted. De esta manera, la energía positiva del ángel seguirá manando y usted se encontrará siempre protegido.

4- La ofrendas

Las ofrendas son "regalos" que se ofrecen al ángel, regalos a los cuales -se sabe- él es particularmente sensible. Las ofrendas pueden abarcar desde mirra o ramas de canela hasta música, de acuerdo con la especie angélica de que se trate. Las ofrendas también deben ser colocadas dentro del círculo mágico.

Tabla de talismanes y ofrendas

Especie angélica	Talismán	Ofrenda
Serafines	Espejos	Versos/Cuentos de hadas
Querubines	Gemas amarillas	Juguetes/Dulces/Objetos de colores brillantes
Tronos	Cristales	Flores de lavanda
Dominaciones	Limones fragantes	Velas blancas/Mirra/Incienso
Virtudes	Plumas/Ramas	Incienso/Sándalo/Rosas
Potestades	Caracoles	Hojas de pino
Angeles	Piedras opacas	Frutas de estación
Arcángeles	Piedras duras	Flores silvestres
Principados	Cuarzo	Dulces

Cómo llevar un diario angélico

Gracias al diario que fui llevando mientras los ángeles me revelaban sus mensajes, es que pude escribir este libro, ya que luego de un cierto tiempo de tener encuentros con los seres angélicos, la memoria puede comenzar a jugarnos malas pasadas. Por otro lado, los mensajes de los ángeles no son independientes unos de otros y vuelven a adquirir un nuevo significado cuando se los lee como parte de un conjunto más amplio.

En mi caso particular, leer los mensajes en el orden en que me fueron dictados me llevó a concebir la idea de que éstos tenían la estructura de un libro.

Simra, una sabia anciana del Tibet que se comunicaba con los ángeles desde pequeña, fue la primera que me alertó acerca de la multiplicidad de lecturas que permitían los mensajes angélicos. *Si leo los mensajes al cabo de un año* -me confesó Simra-, *encuentro que en su conjunto encierran a su vez un mensaje totalizador referido al año que pasó, una clave para comprenderlo mejor. Si, en cambio, tomo períodos mayores -por ejemplo, de cinco años- percibo que hay un mensaje referido a una determinada etapa de mi vida. Por supuesto, las etapas de nuestra evolución interior no siempre se corresponden con el tiempo cronológico. Esto significa que, a cinco años del calendario, no le corresponden necesariamente 5 años de evolución espiritual. Sin embargo, cinco años años cronológicos es un tiempo suficiente como para percibir cambios interiores. Si tomo períodos aún mayores, por ejemplo, de 15 años, percibo mensajes referidos a los puntos de inflexión fundamentales de mi existencia. Estoy convencida de que si leo los mensajes en una hora cercana a mi muerte, éstos me dirán algo fundamental acerca de lo que ha sido mi vida entera. Afortunadamente, desde que comencé a comunicarme con los ángeles a la temprana edad de siete años, llevo un diario angélico. En él está consignado todo lo que me han dicho los ángeles desde mi infancia hasta mi vejez y leerlos de corrido, como si se tratara de una hermosa novela, me sirve para*

desplegar ante mí todas las etapas de mi vida. Saber qué le he
pedido a los ángeles en cada momento, qué les he preguntado,
me ayuda a saber quién he sido en cada punto de mi pasado
y quién soy hoy.

El testimonio de Simra resulta más que elocuente
respecto de la conveniencia de llevar un diario angélico. Este
es uno de los elementos fundamentales que deben estar en el
templo y, ya sea que usted reciba los mensajes angélicos allí
o los ángeles se le presenten en otro momento, por ejemplo,
durante el sueño, deberá consignar por escrito sus encuentros
angélicos siempre dentro del templo. Si los ángeles se manifiestan impulsándolo a la escritura automática, su diario será
también el lugar indicado para ldisponerse a escribir sin mediación de la razón y el intelecto.

Para que los mensajes angélicos resulten más fá-
ciles de interpretar en conjunto, en esta página presentamos
una página modelo de diario angélico que usted podrá foto-
copiar y utilizar para consignar en ella sus encuentros con los
seres de la Luz. Haga copias de la ficha (por supuesto, en papel blanco) y déjelas un día entero al sol. De esta forma, su
diario se cargará de energía positiva y se volverá particularmente apto para consignar los mensajes angélicos.

Página modelo para el diario angélico

Fecha ....

Hora ....

Angel o ángeles invocados ....

Circunstancia que determinó la invocación ....

Pedido ....

Ofrendas ....

Talismanes ....

Forma de manifestación angélica ....

Mensaje angélico ....

Observaciones ....

....

....

Le sugiero que, si su comunicación con los ángeles es frecuente, agrupe las hojas de su diario por mes, es decir, reúna los mensajes angélicos acumulados durante 30 días y encuadérnelos juntos. Si su comunicación es esporádica, puede agrupar las hojas de su diario por trimestre. La página modelo le permitirá reunir una gran cantidad de datos en poco espacio y tener siempre la información disponible. No es necesario que llene siempre la casilla referida a observaciones, sólo cuando lo crea necesario o cuando un determinado conjunto de mensajes angélicos le sugiera un nuevo mensaje.

La idea de integrar al diario la posibilidad de hacer observaciones, surgió en mí cuando percibí que en los mensajes angélicos estaba implícita la estructura de este libro. En ese momento hice una anotación marginal en el diario que estaba llevando: *Los ángeles no sólo me han ofrecido su ayuda, sino que a través de ella me han dicho algo más: cómo debo enseñarle a quienes me rodean la forma de invocarlos para obtener lo que necesitan.*

¿Está usted preparado para recibir a los ángeles?

En los apartados que siguen me ocuparé de enseñar al lector cómo invocar a los ángeles y dialogar con ellos, a fin de obtener lo que necesita. Pero antes de pasar a estos apartados prácticos es necesario saber si usted está en condiciones anímicas y espirituales de comunicarse con los seres angelicales, ya que la buena predisposición es condición *sine qua non* para relacionarse con ellos.

Si aún no está listo, no se desanime y continúe insistiendo. Deje que las nuevas experiencias de la vida hagan madurar su sensibilidad lo suficiente como para que pueda entrar en contacto con los dulces seres de la Luz.

TEST
¿Está usted preparado para recibir a los ángeles?

Responda el test que presentamos a continuación con la mayor sinceridad posible, a fin de evaluar su estado actual de "apertura" a las entidades celestiales.

1) Lo que más admiro de un cuadro renacentista es:

    a) El tema.

    b) La maestría pictórica con que ha sido tratado un tema, cualquiera sea.

    c) No sabría definirlo. Admiro las obras que me dicen "algo", aunque no sepa con certeza qué.

2) Cuando escucho una voz interior...

    a) Me pregunto a quién pertenece.

    b) Doy por sentado que se trata de mi conciencia.

    c) No me cuestiono nada y tampoco me siento obligado a obedecerla.

3) Cuando abro los ojos a la mañana y veo la luz que se filtra por la ventana, pienso:

    a) *Es hora de levantarse.*

    b) *Detesto tener que levantarme.*

    c) *¿Qué me deparará hoy el día?*

4) De niño, cuando me hablaban del ángel de la guarda, yo creía:

    a) Que se trataba del personaje de un cuento.

    b) Que se trataba de la figura de una estampita.

    c) Que el ángel era alguien tan real como yo.

5) Cuando estoy en lugar solitario, al aire libre, lo que mayor placer me causa es...

    a) El silencio, pues permite escuchar las voces de los pájaros.

b) La calma.

c) El hecho de haber logrado huir de la ciudad.

6) Los relatos de personas que se comunican con los ángeles me inspiran:

a) Curiosidad.

b) Confianza.

c) Desconcierto.

7) El escepticismo me parece una actitud

a) Inteligente.

b) Cautelosa.

c) Desesperanzada.

8) El mundo es para mí...

a) Un lugar que día a día progresa gracias a la ciencia y la tecnología.

b) Un sitio lleno de enigmas a descifrar.

c) La morada del hombre, quien cada día descifra nuevos secretos.

9) Me gustaría comunicarme con los ángeles para...

a) ...que el misterio de los ángeles inunde mi vida.

b) ... tener siempre consejos acertados frente a diferentes situaciones.

c) ... sentirme más respaldado.

10) Si me comunicara con los ángeles, sentiría que...

a)... soy un ser privilegiado que se halla ante las puertas del misterio.

b) ... tengo en mi poder una incalculable ventaja respecto de los seres que me rodean y que no han logrado la comunicación angélica.

c) ... la vida me presenta una oportunidad de triunfo que no debo desaprovechar.

11) Para mí los ángeles son como...

a) ...el Genio de la lámpara de **Aladino**.

b) ...el príncipe de **La Bella durmiente**, cuyo beso fue capaz de despertar a su amada del sueño eterno.

c) ...el príncipe de **La Cenicienta**, que convirtió a la fregona en princesa.

12) Si los ángeles fueran un género literario serían:

a) Una novela de aventuras.

b) Un poema de amor.

c) Un cuento infantil.

Tabla de Evaluación

	A	B	C
1	▲	■	●
2	●	■	▲
3	■	▲	●
4	■	▲	●
5	●	■	▲
6	▲	●	■
7	▲	■	●
8	▲	●	■
9	●	▲	■
10	●	▲	■
11	▲	●	■
12	■	●	▲

Resultados

Mayoría de ●

Usted es una persona que ha logrado un gran desarrollo espiritual. Por lo tanto, no tiene sólo expectativas de tipo material respecto de los ángeles, sino que

los considera seres cargados de misterio capaces, no sólo de facilitarle la obtención de bienes materiales, sino
sobre todo, de abrirle las puertas de una nueva dimensión espiritual.

A usted lo mueve más la fe en el poder de los
seres de luz que la curiosidad por saber qué podrá obtener
de ellos. Por eso, está dispuesto a acoger el misterio angélico en su vida como un hecho natural que le producirá
alegría y regocijo. Aunque no dudaría en pedirle a los ángeles que lo ayuden a resolver problemas concretos y a obtener todo aquello que necesita, ésta será sólo una de las
múltiples facetas que tendrá su relación con los seres angélicos. Los ángeles son, antes que nada, su guía espiritual y
su fuente de serenidad frente a los desafíos que le plantea
la vida.

Usted no desdeña lo material, pero lo subordi-
na a objetivos de vida superiores. Por esta razón y por todo lo dicho anteriormente, está en excelentes condiciones
de recibir a los seres angélicos. Estos acudirán de inmediato a su llamado porque percibirán la fe que usted deposita
en el acto de invocación y las nobles expectativas que lo
impulsan a reclamar la presencia de ellos en su vida.

Invoque a los ángeles con la misma naturalidad
y confianza con que eleva al cielo una plegaria o que pla-
nifica su vida de todos los días. No le costará reconocer entre el murmullo cotidiano, la voz inconfundible de los seres de luz.

Mayoría de ■

Usted está en el buen camino, pero aún no ha
llegado a la meta. Tiene buena predisposición para comunicarse con los ángeles, pero aún se le escapa el enrique-
cimiento espiritual que esa comunicación supondría.

En su espíritu anida una semilla de materialismo que le impide captar la verdadera dimensión de la magia angélica. Aunque confía en la existencia de las entidades superiores, no está demasiado seguro de lo que éstas

podrían ofrecerle.

Por supuesto, le gustaría comunicarse con los ángeles, pero supone que esta comunicación, si se diera, obedecería a un hecho fortuito absolutamente independiente de su voluntad y de su desarrollo espiritual. Es probable que suponga, además, que para atraer la presencia angélica es necesario ser "superior" y, como usted le atribuye a este concepto una dimensión sobrehumana, está convencido de que jamás accederá a ella.

Si quiere lograr una buena comunicación con los ángeles, debe confiar más en sus capacidades humanas para lograr un contacto efectivo con seres que se encuentran en otro plano de la realidad. Hay en usted un fértil germen de fe, pero su corazón debe dejarse inundar por el misterio y su mente debe deponer una actitud excesivamente racional frente aquello que no alcanza a comprender.

Intente comunicarse con los ángeles. Quizás ellos mismos pongan en su vida la dimensión de espiritualidad de la que ahora carece.

Mayoría de ▲

A usted le gustaría confiar en el misterio tal como confiaba en su infancia, pero el escepticismo y la desconfianza han anidado en su corazón. Por momentos, sin embargo, se convence de que podría lograr una comunicación efectiva con los seres angélicos, pero no logra comprender qué podría significar esta nueva posibilidad en su vida.

Acostumbrado a pensar los hechos del mundo con un criterio funcional, los ángeles constituyen para usted algo así como una posibilidad de obtener mayores bienes materiales, mayor bienestar y mayor poder.

A usted lo mueve más la curiosidad que la emoción y si se encontrara en presencia de un ángel -o, lo que es lo mismo, aprendiera a reconocer la voz angélica entre la multitud de voces cotidianas- buscaría para este hecho una explicación "científica", racional.

Los ángeles podrían aportar mucho a su vida, pero para que esto suceda usted debe dejarlos penetrar en ella. Por eso, mi consejo es que realice lecturas espirituales que le permitan comprender la vida desde otra óptica y también que se relacione con seres que hayan alcanzado un desarrollo espiritual superior al suyo. El espíritu se cultiva tanto como puede cultivarse el intelecto. Esta es una verdad que he aprendido de mis maestros y que he comprobado en carne propia. Por ejemplo, yo no era el mismo antes de conocer a mi maestro Amón que luego de conocerlo. El abrió ante mis ojos una dimensión de espiritualidad que, sin duda, anidaba dentro de mí, pero que era incapaz de descubrir por mí mismo.

Sin duda, usted logrará comunicarse con los ángeles, pero no estará listo para hacerlo hasta que no se haya internado en el camino de la espiritualidad. Cuando aprenda a confiar en el misterio sin sentir recelos frente a lo que no comprende y sin calcular qué beneficios materiales puede acarrearle, estará en condiciones de invocar a los ángeles y de recibirlos en su vida.

RITUALES PARA ALEJAR LAS VIBRACIONES NEGATIVAS DEL HOGAR

6ª
Revelación

Esto fue lo que me dijo el ángel:

LA CASA ES EL ESPACIO DONDE EL SER HUMANO DESPLIEGA LA MAYOR PARTE DE SU VIDA, EL ESCENARIO DE SUS RECUERDOS. POR LO TANTO, LA VIBRACION DE LA CASA SERA LA SUYA PROPIA.

*E*l lugar que habitamos es depositario de las vibraciones -tanto positivas como negativas- que circulan continuamente a nuestro alrededor. Para preservar la salud, el bienestar y la paz de los habitantes de una casa, la energía debe circular libremente. Sin embargo, es frecuente que esta energía se estanque, afectando nuestra vida cotidiana.

Tanto las vibraciones negativas como las positivas pueden percibirse en el aura de color que rodea la casa. Por lo tanto, el color del aura es un indicador elocuente del tipo de energía que circula.

Los rituales angélicos pueden erradicar las energías negativas acumuladas a lo largo del tiempo por las personas que la habitaron. Sin embargo, para emplear el ritual angélico indicado, usted debe saber cuál es el aura de su casa, es decir, qué energías circulan por ella. El test que transcribimos a continuación le permitirá conocer con exactitud cuáles son las vibraciones de su hogar y podrá obrar en consecuencia.

Test
¿Cuáles son las vibraciones de su hogar?

1) ¿Cuál es el primer cuarto en el que entra al abrir la puerta de su casa?

> **a)** El hall de entrada.
> **b)** El living.
> **c)** Un pasillo.
> **d)** La cocina.
> **e)** El dormitorio.

2) ¿Hacia qué punto cardinal mira el frente de su casa?

> **a)** Norte.
> **b)** Sur.
> **c)** Este.
> **d)** Oeste.

3) ¿Se abren todas las puertas y ventanas de su casa hacia adentro?

a) Sí, todas.

b) No, la mayoría se abre hacia afuera.

c) No, ninguna.

d) Sólo una.

e) Sí, la mayoría se abre hacia adentro.

4) ¿Qué colores predominan en la decoración de su casa?

a) Azulados o verdosos.

b) Amarillos.

c) Anaranjados o marrones.

d) Oscuros.

e) Blanco.

5) ¿Hacia qué dirección está orientada la cabecera de su cama?

a) Norte.

b) Sur.

c) Este.

d) Oeste.

6) ¿En qué habitación de la casa pasa la mayor parte de su tiempo?

a) En el living.

b) En el dormitorio.

c) En la cocina.

d) En el baño.

e) En el jardín, el patio o el balcón.

7) ¿En qué lugar de la casa preferiría colocar espejos?

a) En el baño.

b) En el living.

c) En el dormitorio.

d) En el hall de entrada.

e) En la cocina.

8) ¿Cuál es el color predominante de los muebles de su hogar?

a) Blanco.

b) Marrón oscuro.

c) Marrón claro.

d) Negro.

9) ¿En qué lugar de la casa tiene usted mayor cantidad de plantas?

a) En el living.

b) En el balcón.

c) En el baño o la cocina.

d) En ningún sitio, no tengo plantas.

10) ¿Cuáles son los problemas caseros que se presentan con mayor frecuencia en su hogar?

a) Problemas con las cañerías o inundaciones.

b) Desperfectos eléctricos.

c) Problemas de albañilería.

d) Accidentes por fuego.

Tabla de Puntaje

	A	B	C	D	E
1	2	1	4	3	0
2	4	3	0	2	-
3	1	2	4	3	0
4	0	1	3	4	2
5	4	3	0	2	-
6	1	0	3	4	2
7	4	1	0	2	3
8	0	3	1	4	-
9	2	4	3	0	-
10	4	2	1	3	-

Resultados

De 0 a 9 puntos - Casa de Madera
(Color verde o azul)

El aura de su casa es un sereno color verde-azulado, que recuerda al aire límpido de la primavera. El suyo es un hogar ideal para gente tranquila. Atrae a quienes gustan de la intimidad y de la vida familiar. Ofrece paz y sosiego a sus ocupantes y favorece la educación de los hijos, aunque puede haber cierta tendencia a dominarlos inconscientemente. El único problema contra el que deberá luchar será el mal humor.

De 10 a 19 puntos - Casa de Tierra
(Color amarillo)

Su casa está rodeada de una vitalizante luz amarilla, lo cual promueve el optimismo y la alegría. Está habitada por personas tranquilas y ordenadas, con mucho sentido práctico, a quienes los vecinos respetan por su acentuada disposición hacia el trabajo. Corren, eso sí, el riesgo de preocuparse en exceso o incurrir en actitudes cínicas, frías o escépticas.

De 20 a 29 puntos - Casa de Metal
(Color blanco)

Su casa posee una energía cambiante. El blanco radiante que la rodea puede pasar fácilmente a adquirir un matiz incoloro. Atrae a quienes, de alguna manera, desean servir al prójimo. Es indicio de trabajo y éxitos comerciales, por lo que se convierte en lugar ideal para oficinas y negocios. Aunque favorece los vínculos duraderos, sus habitantes pueden sufrir de ansiedad y ser víctimas de estados de tristeza y depresión.

De 30 a 39 puntos - Casa de Fuego
(Color rojo)

Su casa posee un halo ardiente de color rojo

vibrante, índice de alegría y creatividad pero también de excitabilidad y agresividad. Hogar de gente inquieta, emocional, que gusta de reuniones sociales y fiestas, resulta ideal para personas independientes y que realizan actividades creativas. Aun así, la fuerte energía que la rodea exacerba la sensibilidad, provocando continuamente problemas.

De 40 a 49 puntos - Casa de Agua
(Color negro)

Desafortunadamente, el aura de su casa no resulta muy atractiva. El miedo acecha en los rincones y la alegría brilla, prácticamente, por su ausencia. Sus habitantes suelen ser inseguros y tímidos. Resulta imprescindible realizar algunos cambios para alejar los temores que frecuentemente asaltan a quienes habitan en este lugar. En ningún caso mejor que en éste, los ángeles pueden ayudarlo a erradicar las vibraciones negativas de su hogar.

Rituales angélicos para cada tipo de casa

Recuerde que los ángeles que ayudan a eliminar las vibraciones negativas son Haziel, Aladiah, Laoviah. Además de invocar a su ángel guardián, puede invocar a cualquiera de ellos.

Tenga en cuenta que los rituales angélicos para eliminar las vibraciones negativas de su hogar conviene llevarlos a cabo el día domingo, al atardecer. Suelen ser los días en que nuestro ánimo decae ante la inminencia del lunes y, por esta razón, nuestro pedido de alegría y buen humor tendrá más fuerza.

CASA DE MADERA
Color verde - azul

Objetivo del ritual: Eliminar el mal humor, único problema posible en una casa en la que predominan abiertamente las vibraciones positivas sobre las negativas.

• Preparación del ambiente.

Si pone música, elija ritmos vivos que inciten a mover el cuerpo al compás. Los aromas deben ser cuidadosamente seleccionados. No se limite a los perfumes tradicionalmente admitidos como tales. La fragancia del pan recién horneado o de una comida elaborada por usted, que está sobre el fuego, pueden evocar los olores de la infancia, la época en que la alegría es más espontánea, intensa y el mal humor casi inexistente.

• Preparación del templo y las ofrendas, consagración de talismanes.

Consulte la tabla de ofrendas y talismanes del apartado 5 y establezca cuáles son los que más le convienen de acuerdo con la especie angélica que va a invocar. Si invoca a más de un ángel y ambos pertenecen a un género diferente, atraiga a cada uno con la ofrenda que le corresponda y elija los talismanes que estén relacionados con ellos.

Recuerde que el templo de invocación sólo estará completo cuando el círculo mágico se encuentre cubierto por el palio blanco.

• Visualización.

Como usted va a pedir alegría para su hogar, haga el siguiente ejercicio de visualización:

El mundo es un lugar en que todo el mundo ríe. Puedo ver claramente la sonrisa de quienes me rodean. Mi pareja sonríe, sonríe mi madre como me sonreía en mi infancia, sonríe mi hijo y también yo sonrío. Un ángel de luz desciende sobre todos los rientes y nos dice: "Vosotros alcanzaréis la dicha puesto que habéis dispuesto vuestro cuerpo y vuestro corazón para recibirla. La risa os aliviará siempre el corazón". Camino y me siento liviano, todo lo que veo a mi alrededor me produce placer. Escucho una música que deleita mis oídos. Sé que dentro de mí hay lágrimas, pero encuentro la fórmula alquímica para transformarlas en risas. Camino por un sendero bordeado de flores. Los hom-

bres que cruzo en el camino llevan una esplendorosa sonrisa colgada en la boca como si fuera una media luna re-
cortada sobre el cielo estrellado. Una voz en mi interior me
dice "la alegría se nutre del dolor, por eso, todo dolor se
transformará alguna vez en alegría".

• Afirmación.

Repita en voz alta:

*Creo en los ángeles que nos dan la luz y la luz
es alegría. Por eso, la alegría que a veces me falta pueden
proporcionármela los ángeles. No me negaré a recibirla en
mi corazón y me aseguraré de pagar con sonrisas el amor
que me proporcionan los demás.*

• Invocaciones.

-Invocación al ángel guardián:

Yo (diga su nombre) *te invoco a Ti* (diga el
nombre de su ángel guardián) *porque Dios te ha designado
para protegerme y socorrerme, asistirme en el peligro y acla-
rar mis dudas. Tu amorosa sabiduría me socorrerá en los
momentos difíciles y de tu cariñoso corazón manará un
dulce néctar que saciará mi sed y cicatrizará mis heridas.
Sé que vendrás a mi lado y te espero confiado.*

-Invocación del ángel que elimina las vibraciones negativas:

Yo (diga su nombre) t*e invoco a Ti, Haziel* (o
cualquiera de los otros seis ángeles) *para que, junto con tus
hermanos Aladiah y Laoviah, traigan a mi casa los tesoros
del reino de la alegría y los depositen en ella. Os haré a Ti y
a tus hermanos un lugar en mi morada para que la limpiéis
de toda amenaza y colméis todos los rincones de alegría.*

• Pedido o mandato.

Aunque el pedido esté anunciado en la oración
de invocación, debe hacerlo explícito:

Te pido, divino ángel Haziel, que liberes mi mo-

rada de las vibraciones negativas que producen mal hu-
mor. El regalo que te pido es la sonrisa de quienes me ro-
dean, porque la felicidad de ellos será la mía.

• Sellado del mandato.
Sello este pedido con las palabras mágicas
ASALSINON-MONSIRE. Que así sea.

• Recepción del mensaje angélico.
Permanezca en el templo y siga todos sus impulsos. Por ejemplo, si está tentado de abrir un libro, hágalo, es posible que allí encuentre la respuesta del ángel. Pero quizás el ángel postergue su aparición y elija aparecer
en sueños. En cualquier caso, el medio de aparición del ángel le será revelado a través de sus sentimientos. Usted
«sentirá» las manifestaciones del ángel. Si recibe un mensaje claro, anótelo de inmediato en el diario angélico

• Agradecimiento.
Te agradezco (nombre de su ángel guardián) *tu*
protección. Te agradezco Haziel tu ofrenda de alegría.
Agradécele tú a tus hermanos Aladiah, Laoviah, Haziel.

Entre los talismanes consagrados elija uno,
colóquelo en una bolsita de terciopelo blanco y cuélguelo en la puerta de entrada de su casa. De esta forma, su
hogar continuará recibiendo las bienhechoras influencias
angélicas.

CASA DE TIERRA
(Color amarillo)
Objetivo del ritual: Limpiar la casa de las vibraciones que determinan el escepticismo y la preocupación de sus habitantes.

• Preparación del ambiente.
Elija perfumes frescos con un dejo cítrico o flo-
ral. En cuanto a la música, elija melodías suaves que facili-

ten la relajación y le permitan echar a volar la imaginación. El ambiente debe ser lo más distendido posible.

• **Preparación del templo y las ofrendas, consagración de talismanes.**

Consulte la tabla de ofrendas y talismanes del apartado 5 y establezca cuáles son los que más le convienen de acuerdo a la especie angélica que va a invocar. Si invoca a más de un ángel y ambos pertenecen a un género diferente, atraiga a cada uno con la ofrenda que le corresponda y elija los talismanes que están relacionados con ellos.

Recuerde que el templo de invocación sólo resulta completo cuando el círculo mágico está cubierto por el palio blanco.

• **Visualización.**

Como usted va a pedir que cesen las energías negativas que tornan a los integrantes de su casa preocupados y escépticos, practique el siguiente ejercicio de visualización:

Camino por un prado en el que hay muchos árboles. Es una mañana fresca pero soleada, plena de luz. Se escucha el rumor de un arroyo y el canto de los pájaros. Pienso que el lugar se parece al paraíso y que en un sitio como en el que estoy, me siento segura. Continúo caminando y veo frente a mí un árbol de frutos rojos que no reconozco. No se trata de manzanas. Una voz interior me dice que ése es el árbol de las certezas. Puedo recoger alguno de sus frutos y llevarlos conmigo. De esta forma, las certezas me acompañarán siempre. La voz me advierte que en lo sucesivo mis incertidumbres decrecerán y con ellas mi escepticismo, pero las incertidumbres forman parte de la vida y que debo aprender a convivir con éstas.

• **Afirmación.**

Repita en voz alta:
Espero confiado la presencia angélica, porque

creo en los ángeles que limpiarán de mi hogar aquello que no nos permite distendernos y abandonarnos a una sensación de bienestar y confianza.

• Invocaciones.

- Invocación del ángel guardián:

Yo (diga su nombre) *te invoco divino* (nombre del ángel custodio) *para que cumplas con el destino que Dios te impuso y me protejas. Espero que muy pronto tu luz descienda sobre mí y sobre mi hogar. Tu presencia será un bálsamo en mi vida.*

- Invocación del ángel o los ángeles que eliminan las vibraciones negativas:

Yo (pronuncie su nombre) *te invoco a Ti Aladiah, para que junto con tus hermanos Haziel, Laoviah, Lehabiah, Melahel, Caliel y Hariel, abras las ventanas de mi casa y extraigan de ella la oscuridad. Sólo ustedes, seres de luz, pueden llenarla de claridad*

• Pedido o mandato.

Os pido, adorados ángeles, que eliminéis de mi casa las vibraciones negativas que nos mueven al escepticismo y nos impiden entregarnos confiadamente a la esperanza y a la ilusión.

• Sellado del mandato.

Sello este pedido con las palabras mágicas ASIMRA-RAMANES. Que así sea.

• Recepción del mensaje angélico.

Permanezca en el templo y siga todos sus impulsos. Por ejemplo, si está tentado de abrir un libro, hágalo, es posible que allí encuentre la respuesta del ángel. Pero, quizás el ángel postergue su aparición y elija aparecer en sueños. En cualquier caso, el medio de aparición del ángel le será revelado a través de sus sentimientos. Usted "sentirá" las manifestaciones del ángel. Si recibe un mensaje claro, anótelo de inmediato en el diario angélico.

• **Agradecimiento.**

Te agradezco, Aladiah, que hayas escuchado mi pedido y que derrames tu luz sobre mi casa. Les agradezco también a tus hermanos y espero confiada vuestra presencia en mi hogar.

A continuación, elija uno de los talismanes consagrados, colóquelo en una bolsita de terciopelo blanco y ubíquela sobre la puerta de entrada de su casa.

CASA DE METAL
(Color blanco)

Como las vibraciones de la casa de metal producen tristeza y depresión, usted debe pedir alegría. Por lo tanto, utilice las mismas oraciones, visualizaciones, mandatos, sellados y agradecimiento que se indican en Casa de Madera.

CASA DE FUEGO
(Color rojo)

Objetivo del ritual: Limpiar la casa de las vibraciones negativas que mueven a la agresividad y los conflictos.

• **Preparación del ambiente.**

Utilice aromas suaves, especialmente espliego o, en su defecto, lavanda, que producen sensación de tranquilidad. En cuanto a la música, elija melodías suaves, armonizadoras. Lo ideal es que pertenezcan a la New Age (Enya, Vangelis, Ian Anderson).

• **Preparación del templo y las ofrendas, consagración de talismanes.**

Consulte la tabla de ofrendas y talismanes del apartado 5 y establezca cuáles son los que más le convienen de acuerdo con la especie angélica que va a invocar. Si invoca a más de un ángel y ambos pertenecen a un género diferente, atraiga a cada uno con la ofrenda que le corresponda y elija los talismanes que estén relacionados con ellos.

Recuerde que el templo de invocación sólo estará completo cuando el círculo mágico se encuentre cubierto por el palio blanco.

• Visualización.

Como el objetivo es eliminar las vibraciones negativas que mueven a la agresividad y los conflictos, haga el siguiente ejercicio de visualización:

Entro a una habitación amplia y luminosa. Hay mucha gente que habla en voz baja. El ambiente es cálido y la gente se sonríe entre sí, es amable y está atenta a las necesidades de quienes los rodean. Hay una música suave. La gente intercambia regalos, sonrisas, halagos, caricias, saludos. Al verme, me invitan a unirme al grupo. Soy recibido con un beso y un abrazo, nadie me pregunta de dónde vengo ni a dónde voy. De pronto, comprendo que mi estado ha cambiado. Me siento inusualmente sereno y confiado. De mi boca sale una voz mucho más suave que la habitual y aunque me propusiera gritar, creo que no podría. Comprendo el valor de la serenidad, el infinito atractivo de la paz.

• Afirmación.

Repita en voz alta:

Creo en el poder de los ángeles para aplacar mi ira y la de quienes me rodean. Creo en el poder de los ángeles para devolverme la serenidad. Creo en el poder de los ángeles para llenar mi casa de vibraciones positivas.

• Invocaciones.

- Invocación del ángel guardián:

Yo (su nombre) *te invoco a Ti* (nombre del ángel guardián). *Hazte presente en mi casa y protégeme, tal como es tu misión. Lo que es oscuro se transformará en luz gracias a tu presencia y las paredes de mi casa dejarán de ser muros grises para transformarse en un nido tibio.*

- Invocación del ángel o los ángeles que eliminarán las vibraciones negativas:

Yo (su nombre) te invoco a Ti Aladiah, para que junto con tus hermanos Haziel, Laoviah, Lehahiah, Melahel, Caliel y Hariel quiten de mi hogar todo aquello que impide nuestra completa felicidad. Muéstrenme su luz y derrámenla sobre estas paredes. Mi hogar necesita de vuestra presencia.

• **Pedido.**
Aladiah, Haziel, Laoviah, Lehahiah, Melahe, Caliel, Hariel, a vosotros es que os pido lo siguiente: que en mi hogar reine la paz y que las vibraciones que nos mueven a la agresividad y los conflictos se desvanezcan.

• **Sellado del mandato.**
Sello este mandato con las palabras angélicas TETRANON-ABUSEI. Que así sea.

• **Recepción del mensaje angélico.**
Permanezca en el templo y siga todos sus impulsos. Por ejemplo, si está tentado de abrir un libro, hágalo, es posible que allí encuentre la contestación del ángel. Pero, quizás el ángel postergue su aparición y elija aparecer en sueños. En cualquier caso, el medio de aparición del ángel le será revelado a través de sus sentimientos. Usted «sentirá» las manifestaciones del ángel. Si recibe un mensaje claro, anótelo de inmediato en el diario angélico.

• **Agradecimiento.**
Aladiah, Haziel, Laoviah, Lehahiah, Melahe, Caliel, Hariel os agradezco vuestra presencia en mi hogar y os agradezco, también, vuestra buena voluntad hacia mi

pedido. Vuestra intervención convertirá a mi hogar en un verdadero nido de amor y es por eso es que os estaré eternamente agradecido.

CASA DE AGUA
(Color negro)

Objetivo del ritual: Desterrar las vibraciones negativas que producen miedo y opacan la alegría.

• Preparación del ambiente.

Elija música con cierto carácter capaz de «agitar» el ambiente que se respira en la casa e introducir un cambio. Por ejemplo, ponga la **Quinta Sinfonía** de Ludwig van Beethoven o **Tocatta y Fuga** de Juan Sebastián Bach. En cuanto los perfumes, no dude en hacer mezclas. Por un lado, recurra al olor cítrico y fresco del limón. Por otro, recurra a las maderas orientales con su dejo aromático, denso y perdurable. Esta es otra forma de "sacudir el ambiente" e inducir al ángel a un cambio profundo del mismo.

• Preparación del templo y las ofrendas, consagración de talismanes.

Consulte la tabla de ofrendas y talismanes del apartado 5 y establezca cuáles son los que más le convienen de acuerdo a la especie angélica que va a invocar. Si invoca a más de un ángel y ambos pertenecen a un género diferente, atraiga a cada uno con la ofrenda que le corresponda y elija los talismanes que estén relacionados con ellos. Pero, además, en este caso, no olvide colocar cuatro vasos colmados de agua mineral, en cada uno de los cuatro puntos cardinales marcados en el templo. De esta forma, el agua absorberá las vibraciones negativas contribuyendo efectivamente al trabajo realizado por el ángel.

Recuerde que el templo de invocación sólo resulta completo cuando el círculo mágico está cubierto por el palio blanco.

• Visualización.

Como usted va a pedir la eliminación de las energías negativas que se han apoderado de su casa y que producen miedo y falta de alegría, realice el siguiente ejercicio de visualización:

Entro a mi hogar y lo primero que me impresiona y me hace entrecerrar los ojos es el fuerte resplandor que emana de su interior. Hasta en los rincones que hasta hace poco eran los más oscuros, ahora hay luz. La luz se refleja en las paredes, baña los muebles, acaricia los objetos, envuelve la atmósfera. La luz tiene el color de la miel e impone este color transparente a todo lo que toca. Hay más luz dentro de la casa que fuera e incluso cuando comienza a anochecer, la luz del interior sigue siendo la misma. Aun si cierro los ojos puedo ver la dulce y dorada luz que lo envuelve todo. Tan intensa es que mis párpados comienzan a teñirse de color dorado. A medida que avanzo por la casa escucho risas. La risa está por todas partes igual que la luz y yo avanzo sumergido en una atmósfera que me resulta tibia y acogedora. No sé a quien pertenecen esas risas, pero lo cierto es que me hacen reír. También yo voy tomando color dorado y más me río cuanto más dorado soy. Finalmente, puedo mirar hacia la luz sin entrecerrar los ojos y en ese momento me inunda una gran sensación de felicidad.

• Afirmación.

Repita en voz alta:

Creo, creo, creo en los ángeles que me darán la luz y me liberarán de toda oscuridad. Los seres angélicos tienen el poder de arrancarme de las tinieblas, de arrebatarme la noche para darme el día, quitando de mi hogar la vibraciones negativas que me impiden la felicidad.

• Invocaciones.

- Invocación del ángel protector:

Yo (su nombre) *te invoco a Ti* (nombre de su ángel protector) *para que te hagas presente de inmediato en mi casa y la colmes con tu dulce presencia. Sólo tú, secundado por otros seres angélicos puedes hacer que mi casa se transforme en un nido tibio y no un lugar oscuro en el que florecen los miedos y los rencores.*

- Invocación de los ángeles que eliminan las vibraciones negativas

(En este caso, trate de invocar a todos los ángeles, ya que las vibraciones negativas de su casa son intensas y el trabajo que los seres de luz deberán efectuar en su hogar es vasto).

Aladiah, Haziel, Laoviah, Lehahiah, Melahe, Caliel, Hariel, yo (su nombre) *os invoco a todos. Invoco a los siete seres de luz capaces de concederme lo que pido y poner un toque de alegría en mi existencia y en la existencia de mis seres queridos. Venid a mi casa de inmediato. Dadme signos de vuestra presencia angélica. Yo sabré interpretar la señal. Os espero.*

• **Pedido o mandato.**

Mi pedido es éste: Quiero que vosotros, Aladiah, Haziel, Laoviah, Lehahiah, Melahe, Caliel, Hariel ayuden a mi ángel protector (nombre de su ángel protector) *a eliminar las energías negativas de mi casa. Quiero que brille el sol dentro de ella con la misma intensidad y tibieza con que brilla afuera, en lo alto del cielo.*

Sello mi mandato con esta palabras: ARGINOSTERAPES. Que así sea.

• **Recepción del mensaje angélico.**

Permanezca en el templo y siga todos sus impulsos. Por ejemplo, si está tentado de abrir un libro, hágalo, es posible que allí encuentre la contestación del ángel. Pero, quizás el ángel postergue su aparición y elija aparecer en sueños. En cualquier caso, el medio de aparición del ángel le será revelado a través de sus sentimientos. Usted «sentirá» las manifestaciones del ángel. Si recibe un mensaje claro, anótelo de inmediato en el diario angélico.

• Agradecimiento.

Os agradezco a todos, (nombre de su ángel guardián) *Aladiah, Haziel, Laoviah, Lehahiah, Melahe, Caliel, Hariel, vuestra presencia en mi casa. Valoro vuestro empeño en devolverle la felicidad a mi hogar y por este gesto os estaré eternamente agradecido.*

Para finalizar, elija uno de los talismanes consagrados, colóquelo en una bolsita de terciopelo blanco y ubíquela sobre la puerta de entrada de su casa. Vuelque cada vaso de agua en la tierra de las macetas con que sostiene el palio del templo. De esta forma, facilitará el trabajo de los ángeles.

Nunca dé por terminado un ritual angélico sin efectuar el correspondiente agradecimiento: si así no lo hiciera, podría anular el efecto.

FORMULAS PARA PRESERVAR LA PROPIA SALUD Y LA DE LOS SERES QUERIDOS

7ª

Revelación

Esto fue lo que me dijo el ángel:

SI EL CUERPO SUFRE, AL ALMA LE COSTARA SONREIR. CURAR EL CUERPO ES TAMBIEN CURAR EL ALMA. YO SOY ESPIRITU. TU ERES CUERPO Y ESPIRITU, PERO YO PUEDO CURAR TU CUERPO SI TU ME LO PIDES.

ntre las múltiples funciones que Dios les ha asignado a los ángeles, consta la de preservar y mejorar la buena salud de los seres humanos. Por eso, usted puede efectuar rituales mágicos, tanto para solicitar que su propia salud y la de los suyos no sufra modificaciones, como para pedir la sanación de cualquiera de ellos.

Enfermamos cuando se produce un bloqueo de la energía en nuestro cuerpo físico, emocional o mental y ésta no puede fluir libremente. La función de los ángeles en caso de enfermedad es, por lo tanto, la de desbloquear la energía, liberándonos así de la obstrucción que nos enferma. Pero también es posible pedirles que nuestra energía o la de nuestros seres queridos no deje de fluir en libertad, con lo cual estaremos haciendo una verdadera tarea de prevención.

A diferencia de lo que sucede con otros pedidos que el ángel debe satisfacer, trayéndonos algo de "afuera" -por ejemplo, dinero, buena suerte, éxito en los negocios-, cuando pedimos salud, le estamos pidiendo al ángel que mantenga o modifique algo que está dentro de nosotros mismos. Por esta razón, en los rituales de magia angélica destinados a obtener la sanación, el paso imprescindible previo a todos los demás, es la mirada introspectiva que nos permita "vernos por dentro", detectar las obstrucciones de la energía para poder modificarlas.

La mirada interior

¿Cómo podemos "vernos por dentro"? El ejercicio es sencillo y usted deberá intentarlo, indefectiblemente, antes de iniciar cualquier ritual de sanación. Proceda de la siguiente manera:

• Entre en el templo de invocación, construido según las indicaciones del apartado 5 y acuéstese boca arriba. Su cabeza debe reposar sobre el círculo mágico en dirección al Este, punto cardinal por donde aparece el sol.

• Coloque las manos a los costados del cuerpo y deje que sus pies se abran cada uno hacia un costado, sin forzar la posición.

• Relájese realizando ejercicios de respiración abdominal. Inspire por la nariz, lleve el aire por un momento al abdomen hasta notar que éste se abulta y sáquelo nuevamente por la nariz.

• Comience su "viaje de exploración" interior. "Mire" primero sus pies y vaya subiendo por las piernas hasta alcanzar el tronco. En su recorrido chequee cada uno de sus órganos. Estos deben aparecer como formas de luz blanca. Si detecta en ellos un punto oscuro, es porque ha encontrado un punto de bloqueo de la energía. En este caso, reténgalo en su mente y continúe con el viaje de exploración interior hasta llegar a la parte superior del tronco; luego, prosiga por las extremidades superiores y la cabeza. Cada vez que encuentre un punto oscuro, reténgalo en su mente. De esta forma, cuando haya terminado su recorrido obtendrá un "mapa" de los bloqueos de energía y podrá pedirle al ángel algo concreto, por ejemplo, que desbloquee la energía que se halla obturada a la altura de su hígado, su corazón o su estómago.

Es importante que retenga este "mapa" porque luego deberá utilizarlo en el paso de la visualización.

Si usted va a pedir la sanación de alguno de sus seres queridos, su mirada interior deberá posarse sobre el cuerpo de la persona en cuestión. Una vez acostado en el templo con su cabeza sobre el círculo mágico ubicada en dirección al Este, mire con los ojos de su mente el cuerpo ajeno como si fuera propio. Este ejercicio le exigirá mucha concentración, pero una vez que la logre, podrá ver en el interior del cuerpo del ser querido con la misma claridad que en el suyo propio.

Rituales de prevención

Este ritual debe efectuarse un domingo durante el período de Luna Nueva. Encienda tantas velas blancas como personas para las que pida buena salud. Terminado el ritual, deje que las velas se consuman solas.

• **Preparación del ambiente.**

Para este ritual, utilice aromas curativos. El limón, por ejemplo, es famoso por sus cualidades antisépticas y el alcanfor se utilizaba antiguamente en una bolsita colgado del pecho de los niños, para preservarlos de las enfermedades de las vías respiratorias. Utilice, también, eucalipto y menta preparando con ambas plantas una infusión que expanderá su aroma bienhechor por toda la casa.

En cuanto a la música, elija algo suave que ayude a armonizar y equilibrar la energía del cuerpo. A continuación, le sugiero una pequeña lista de melodías clásicas entre las que podrá elegir la de su preferencia:

- **Pequeña música nocturna** de Wolfang
Amadeus Mozart
- **La creación** o **Las estaciones** de
Joseph Haydn
- El **Vals N° 7** de Frederich Chopin
- **Estudios Sinfónicos** de Robert Schumann
- **Leaders** de Franz Schubert
- **Las cuatro estaciones** de Vivaldi

• **Preparación del templo y las ofrendas, consagración de talismanes.**

Consulte la tabla de ofrendas y talismanes del apartado 5 y establezca cuáles son los que más le convienen según la especie angélica que va a invocar. Si invoca a más de un ángel y ambos pertenecen a un género diferente, atraiga a cada uno con la ofrenda que le corresponda y elija los talismanes que estén relacionados con ellos.

A las ofrendas que le correspondan a la especie angélica que va a invocar agregue sahumerio de sándalo, de jazmín y de ámbar; ruda, menta y romero secos.

Recuerde que el templo de invocación sólo estará completo cuando el círculo mágico se encuentre cubierto por el palio blanco.

• Visualización.

Tanga en cuenta que si efectúa el ritual de pre-
servación de su salud y la de sus seres queridos, deberá vi-
sualizar cada cuerpo individualmente.

Veo mi cuerpo -o veo el cuerpo de... (nombre de
su ser querido)- *por dentro, comenzando por los pies. Cada
órgano está envuelto en un aura de luz blanca y su interior
es también luminoso. Me da placer recorrerlo, penetrar en su
intimidad de luz. Me complace el resplandor que emana de la
parte interior de este cuerpo y deseo que la luz que lo inunda
permanezca para siempre sin puntos de sombra. Deseo intensamente que ninguna oscuridad opaque la luz de este cuerpo
y salgo de él para reintegrarme al mundo exterior con la certeza de que se cumplirá lo que deseo.*

• Afirmación.

*La salud es un don. Quiero preservarlo para mí y
para los seres que amo. Creo en el poder divino de los ángeles
para retener el magnífico don que Dios me ha dado.*

• Invocaciones.

- Invocación del ángel guardián:

Si va a pedir por usted y por los suyos en conjunto, invoque a su ángel guardián y hágale saber que su protección debe extenderse a toda la familia.

Yo (su nombre) *te invoco a Ti* (nombre del ángel
guardián) *para que me des tu amparo (y para que ampares
también a mi familia, ya que cada uno de los seres que me rodean es carne de mi carne y protegerlos a ellos es lo mismo que
protegerme a mí). Dulce ángel, ven a mí, derrama tu luz sobre mi hogar, sobre mí y los míos y danos tu protección.*

- Invocación del ángel o los ángeles de la salud:

Yo (su nombre) *te invoco a Ti, Sitael para que
junto con tus hermanos Elemiah, Jeliel, Hahahel, Mikael, Nemamiah y Habuiah, conserves el vigor de mi cuerpo y el cuerpo de los míos. Mi felicidad consistirá en que todo continúe co-*

mo hasta ahora, por lo que tu esfuerzo consistirá en hacer que nada cambie.

• Pedido o mandato.

Sitael, yo te pido que conserves mi salud y la de mis seres queridos permitiendo que nuestros cuerpos continúen inundados por la luz.

• Sellado del mandato.

Sello este mandato con las palabras angélicas TRIMETRON-ABTER. Que así sea.

• Recepción del mensaje angélico.

Permanezca en el templo y preste atención a todos sus impulsos. Por ejemplo, si está tentado de abrir un libro, hágalo, es posible que allí encuentre la contestación del ángel. Pero, quizás el ángel postergue su presentación y elija aparecer en sueños. En cualquier caso, el medio de aparición del ángel le será revelado a través de sus sentimientos. Usted "sentirá" las manifestaciones del ángel. Si recibe un mensaje claro, anótelo de inmediato en el diario angélico.

• Agradecimiento.

Te agradezco, adorado ángel Sitael y también agradezco a tus hermanos Elemiah, Jeliel, Hahahel, Mikael, Nemamiah y Habuiah su presencia en mi casa y el cumplimiento de mi pedido.

Elija uno de los talismanes consagrados, protéjalo con una bolsita de terciopelo blanco, cuélguelo de su cuello y llévelo siempre con usted. También, puede hacer lo propio con el resto de los talismanes consagrados y entregárselos a sus seres queridos para que los lleven, a su vez, colgados del cuello.

Ritual de sanación

Este ritual debe llevarse a cabo cuando la Luna esté en Cuarto Menguante. Encienda una vela blanca (sólo podrá pedir por la sanación de una persona por vez) y, una vez terminado el ritual, deje que se consuma sola.

• Preparación del ambiente.

Puede utilizar los mismos aromas y elegir entre las mismas melodías que se indican para el ritual de prevención, pero, además, puede agregar lavanda y laurel.

• Preparación del templo y las ofrendas, consagración de talismanes.

Consulte la tabla de ofrendas y talismanes del apartado 5 y establezca cuáles son los que más le convienen de acuerdo con la especie angélica que desea invocar. Si invoca a más de un ángel y ambos pertenecen a un género diferente, atraiga a cada uno con la ofrenda que le corresponda y elija los talismanes que estén relacionados con ellos.

A las ofrendas que le correspondan a la especie angélica que va a invocar, agregue estrellas de anís y ramas de canela (jamás canela en polvo porque puede venir adulterada).

Recuerde que el templo de invocación sólo estará completo cuando el círculo mágico se encuentre cubierto por el palio blanco.

• Visualización.

Miro hacia adentro. Penetro en mi cuerpo -o penetro en el cuerpo de ... (nombre de su ser querido)-. Comienzo a recorrerlo lentamente y percibo que dentro hay mucha luz. Pero, a poco de andar, me encuentro con una pequeña isla de sombra. Esa mancha que opaca la luz me produce malestar. Retengo en mi mente su ubicación y continúo andado. Descubro una nueva isleta de sombra y mi malestar crece. Retengo en mi mente su ubicación y continúo andando. Sigo con mi periplo a través del cuerpo y cuando creo haberlo visto todo, encuentro una nueva mancha de sombra. Retengo en mi mente su ubicación y confecciono un mapa. Este mapa me permitirá acceder a un territorio oscuro que me llena de in-

quietud. *Pese al temor que me inspira, me sumerjo en él y a medida que avanzo, la sombra se va convirtiendo en luz. Ahora todo es luz a mi alrededor. Por dondequiera que camine, todo resplandece. Salgo del cuerpo, pero me llevo el mapa de las isletas de sombra conmigo. Una vez fuera del cuerpo tomo el mapa, lo estrujo y lo hago evaporarse de mis manos como si estuviera efectuando un truco de magia.*

• Afirmación.

Creo en el poder sanador de los ángeles. Creo en su capacidad para inundarme de luz e inundar de luz a los míos. Creo en la infinita bondad angélica que eliminará de los cuerpos la sombra.

• Invocaciones.

Tenga en cuenta que aun cuando pida el restablecimiento de la salud de un ser querido, puede invocar a su propio ángel guardián. También, puede invocar al ángel guardián de la persona por cuya salud pide la presencia angélica y, por último, a los ángeles que tienen asignado el mantenimiento de la salud. En el caso de que invoque a todos, tendrá que hacer tres invocaciones diferentes.

-Invocación de su propio ángel guardián:

Yo (su nombre) *te invoco a Ti* (nombre de su ángel guardián) *para que me des tu protección que tanto necesito en este momento. Tú que eres un ser de luz, llenarás de luz el cuerpo físico de una persona que amo (o llenarás de luz mi cuerpo físico) y llenarás así de luz mi espíritu.*

- Invocación del ángel guardián de un ser querido:

Yo (su nombre) t*e invoco a Ti* (nombre del ángel guardián de su ser querido). *Preséntate en mi templo, aunque no sea yo la persona que El te ha encomendado proteger. Mi amor por ella hace que seamos un solo ser espiritual. Por lo tanto, dame tu protección, porque se la estarás dando también a ella.*

- Invocación del ángel o los ángeles de la salud:

Yo (su nombre) *te invoco a Ti, Sitael, para que*

junto con tus hermanos Elemiah, Jeliel, Hahahel, Mikael, Ne-
mamiah y Habuiah, quites del cuerpo las isletas de sombra de
una persona que amo. Descienda sobre mi templo junto con
los otros ángeles sanadores, atiende mi pedido y haz que en
mi cielo vuelva a brillar el sol.

• Pedido o mandato.

Quiero que mi cuerpo físico -o el de (nombre de
su ser querido)- *se sane encontrando la paz y el equilibrio.*

• Sellado del mandato.

Sello este mandato con las palabras angélicas AB-
TENTRON- TRAIE- TRAJNON.

• Recepción del mensaje angélico.

Permanezca en el templo y siga todos sus impul-
sos. Por ejemplo, si está tentado de abrir un libro, hágalo, es
posible que allí encuentre la respuesta del ángel. Pero, quizás el ángel postergue su presentación y elija aparecer en
sueños. En cualquier caso, el medio de aparición del ángel le
será revelado a través de sus sentimientos. Usted "sentirá" las
manifestaciones del ángel. Si recibe un mensaje claro, anótelo de inmediato en el diario angélico.

• Agradecimiento.

Os agradezco, (nombre de su ángel guardián y/o
el de su ser querido) S*itael, Elemiah, Jeliel, Hahahel, Mikael,*
Nemamiah y Habuiah, el haber descendido sobre mi templo y
haber escuchado mi pedido.

Elija dos de los talismanes consagrados y proté-
jalos con una bolsita de terciopelo blanco. Cuelgue uno de
su cuello y otro, del cuello del ser cuya sanación acaba de
pedir. Si solicitó su propia curación, cuelgue un talismán de
su cuello y deposite el otro debajo de la almohada hasta que
la sanación se haga efectiva.

ORACIONES DE PORTECCION PARA LOS NIÑOS

8ª
Revelación

Esto fue lo que me dijo el ángel:

LOS NIÑOS, AL IGUAL QUE NOSOTROS, SON SERES PLENOS DE LUZ. PROTEGER A UN NIÑO ES PROTEGER A UN ANGEL.

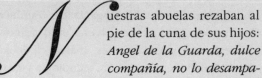

uestras abuelas rezaban al pie de la cuna de sus hijos: *Angel de la Guarda, dulce compañía, no lo desampares de noche ni de día.* Ellas intuían que los ángeles son los custodios naturales de los niños y que se identifican plenamente con ellos. Por eso, con frecuencia los seres alados visitan a los pequeños, aunque no hayan sido invocados.

Hoy en día, el mundo se ha vuelto materialista, hay poco tiempo para ocuparse de los asuntos espirituales, y las madres no suelen contar a los ángeles entre los más seguros aliados de sus hijos. Sin embargo, lo son, y ellas pueden encargarle a un ángel la protección de sus pequeños frente a todos los peligros que implica la vida en el convulsionado mundo de hoy: violencia, abuso por parte de los mayores, accidentes, enfermedades, y toda suerte de calamidades.

¿Cuál es el ángel de mi hijo?

Al igual que los adultos, los niños tienen un ángel que les es propio. Por lo tanto, para invocarlo usted deberá saber cuál es su nombre, dato que encontrará en la tabla que se consigna en el apartado 4. Pero, además del ángel propio de su hijo, usted podrá invocar a otros con cualidades más específicas para solucionar problemas concretos. Lo importante es que en su oración de invocación, usted pronuncie el nombre preciso del ángel con el que quiere tomar contacto. Esta pequeña guía de asistencia angélica la ayudará a saber cuál es el ángel más indicado para el problema de su hijo.

• Accidentes y problemas en los estudios.

El ángel que debe invocar es Uriel, porque transforma positivamente la mente de los seres a quienes asiste. Por eso, es el ángel indicado cuando el niño es propenso a los accidentes, tiene problemas en los estudios, es indisciplinado o no sabe organizarse. También es útil pedir la ayuda de Uriel para resolver asuntos relacionados con la alimentación, intoxicaciones, análisis clínicos, estudios médicos, trabajo, computación, tecnología y cualquier tipo de estructura (desde los huesos hasta el armazón de una construcción). Uriel es el arcángel protector que corresponde al punto cardinal Este.

• Enfermedades.

Rafael es el arcángel sanador. Todo que tiene que ver con la salud le compete a El: desde los remedios naturales, hasta las intervenciones quirúrgicas. A Rafael también le incumbe la curación sutil, como la que puede operarse individual o colectivamente a nivel energético. Para cualquier trastorno físico, mental o emocional que se padezca, puede pedirse el cuidado de Rafael. Es el arcángel protector que corresponde al punto cardinal Oeste.

• Malas compañías y adicciones.

Si desea mantener a su hijo alejado de las adicciones, las amistades perjudiciales y los vicios, debe invocar al arcángel Gabriel.

Este guardián es el encargado de envolver amorosamente a todos los seres que se están alejando del camino correcto para llevarlos, nuevamente, por la buena senda. El arte, la creatividad, la inspiración y las emociones están regidos por Gabriel. Es particularmente beneficioso pedir a este arcángel que custodie a aquellos niños que tienden a aislarse o encerrarse en sí mismos. Es el arcángel protector que corresponde al punto cardinal Sur.

• Pesadillas, miedo y peleas.

Si su hijo se comporta a menudo de manera egoísta o se involucra en grandes peleas, tanto como si no puede enfrentarlas, y es temeroso, el arcángel Miguel velará por él. Además, este guardián estará dispuesto a proteger a su hijo durante el sueño y a brindarle deseos de vivir en armonía y voluntad para salvar las diferencias de opinión. El espíritu de cooperación, la política, los grupos religiosos y las relaciones familiares están bajo la supervisión de Miguel, siempre y cuando se lo invoque. Es el arcángel protector que corresponde al punto cardinal Norte.

Cómo invitar a los ángeles a su hogar

Al igual que los seres humanos, los seres angélicos tienen, también, sus gustos y preferencias. Mi experiencia me ha demostrado que cuanto más adecuado es el ambiente para recibir la visita de un ángel, tanto más rápido acude éste a la cita. Por eso, si usted quiere recibir en su casa al ángel de su hijo, éstas son las cosas que no pueden faltar en su hogar.

• **Música adecuada.** Las sinfonías de Brahms y de Haendel, las **Romanzas para violín y orquesta** de Beethoven, la **Pequeña Música Nocturna** de Mozart, las **Cuatro Estaciones** de Vivaldi, el canto gregoriano, las canciones infantiles y la música de la New Age (Enya, Vangelis, Ian Anderson), están particularmente indicadas para atraer a los ángeles protectores. Pero también puede recurrir a la música preferida de su hijo, siempre que ésta sea suave. Si le gusta al niño, es seguro que también le gustará a su ángel protector.

• **Iluminación tenue.** Los ángeles no se sienten a gusto en ambientes tan luminosos que favorezcan los contrastes netos entre la luz y la sombra. La penumbra es su hábitat adecuado, ya que ellos son los encargados de traer la luz. Por eso, prefiera las velas blancas a la luz artificial si pretende entablar una comunicación efectiva con el ángel protector de su hijo.

• **Un ambiente limpio y fragante.** Tenga en cuenta que, cuanto más elevadas sean las vibraciones energéticas del ambiente, tanto mejor se sentirá el ángel allí y, por lo mismo, tanto más rápido acudirá a la cita que usted le proponga. Los ángeles son criaturas delicadas, particularmente sensibles a los buenos aromas. Por eso, limpie y ventile la sala o habitación donde realizará la experiencia, encienda un sahumerio o coloque un jarrón con flores frescas. También puede recurrir a un recipiente o bolsita con lavanda o algún popurrí con aroma cítrico. La cáscara de limón y de naranja resultan también indicadas, por su aroma fresco, para atraer a las criaturas angélicas. Por supuesto, no debe olvidar las ofrendas, pero tenga en cuenta que todas ellas deben ser bellas. Por ejemplo, la reproducción de una pintura antigua en la que aparezcan ángeles o un angelito de cerámica resultarán sumamente eficaces.

• **Postura de meditación.** Cuando se encuentre en el interior del templo de invocación, recuerde permanecer en la postura adecuada. Quítese los zapatos y si tiene alguna prenda demasiado ajustada, aflójela o quítesela. Siéntese en una silla, mantenga los pies apoyados en el piso, paralelos y separados entre sí aproximadamente 20 centímetros. Apoye las manos con las palmas hacia arriba, sobre las rodillas. Conserve la espalda naturalmente erguida. También puede optar por sentarse en el piso con las piernas cruzadas, (el talón de un pie por encima o por debajo de la pierna contraria) o sentarse sobre los talones. En ambos casos, las manos pueden descansar sobre las rodillas con las palmas hacia el cielo.

• **Mente libre de pensamientos.** Si su mente está ocupada en otros asuntos, no se conectará adecuadamente con el ángel. Por eso, concéntrese en el movimiento respiratorio. Ponga atención en el recorrido que hace el aire dentro de su cuerpo con cada inspiración y exhalación. Invoque al ángel guardián de su hijo sólo cuando usted se encuentre sereno.

• **Deseo genuino de comunicación.** Si quiere lograr una rápida y efectiva comunicación, su entrega deberá ser total. Confíe en el ángel con la intensidad absoluta e inocente de los niños.

Cómo establecer el contacto angélico

En el momento de entrar al templo de invocación, usted deberá haber consultado la tabla para saber cuál es el ángel guardián de su hijo o la guía angélica si quiere resolver un problema muy específico. Incluso, puede invocar a los dos ángeles a la vez, siempre que lo haga en forma sucesiva y no simultánea.

Una vez que se haya ubicado en el interior del templo de invocación, puede comenzar a establecer el contacto angélico. Supongamos que su hijo nació el 6 de enero. De acuerdo con la tabla del apartado 4, su ángel es un Serafín llamado Vehuiah, de modo que no debe omitir el nombre en la oración.

A fin de establecer contacto angélico por primera vez, pronuncie la siguiente oración:

Querido Vehuiah, ángel guardián de (nombre del niño o de la niña) *yo te invoco y te pido amorosamente y por la gracia de Dios que te manifiestes ahora. Deseo presentarme, soy* (su nombre o apodo) *la madre* (o el padre) *de tu protegido. Te propongo que nos comuniquemos a menudo para trabajar siempre juntos por su bien. Manifiéstate ahora, ser de luz, para que podamos comenzar a relacionarnos. Que éste sea el primero de muchos encuentros en los que, juntos, podamos hacer que su felicidad sea cada día más plena. Gracias.*

A continuación, proponga el medio para establecer la comunicación: por escrito, a través de una voz interior, en sueños, a través de un oráculo. Puede probar diferentes formas hasta dar con la más adecuada.

Después, lleve la atención a su corazón e imagine escrito con luces de colores lo que quiere comunicarle. Por ejemplo:

Deseo que ayudes a mi hijo que está triste. Que Jeliel, Sitael, Elemiah y Lelahel te ayuden en la tarea (nombre otros ángeles de la misma especie angélica, en este caso, serafines).

"Observe" la frase y espere. Permanezca relajado. En algún momento comenzará a experimentar un sentimiento especial (tenga en cuenta que la presencia de los ángeles se hace evidente a través de emociones). Si está lo suficientemente atento, comenzará a escuchar palabras -tal como si las dictase la voz de su conciencia- o posará la mirada sobre algo que llamará la atención y que será la clave de la respuesta, por ejemplo, una llave podría simbolizar que usted tiene la solución en sus manos.

Si lo desea, puede escribir en su diario angélico la pregunta que realizó en su corazón y la respuesta que obtuvo. Así, podrá sacar conclusiones una vez finalizado el encuentro.

Déjese llevar por el impulso durante la experiencia de conexión con los ángeles; ellos tratarán por todos los medios de guiarlo para que usted reciba su mensaje. Puede suceder que sienta una necesidad imperiosa de abrir un libro en determinada página para leer unas líneas, sin saber muy bien por qué. Tal vez, durante o después del contacto, se encuentre llamando por teléfono a una persona que -inconscientemente- oficiará como mediadora en la comunicación. Según hemos visto en un apartado anterior, esta persona es el contacto.

Si siente deseos de expresarse por medio de la escritura automática, hágalo. La escritura automática -que los poetas surrealistas utilizaban para dejar fluir libremente el inconsciente- puede ser el medio adecuado para que los ángeles se expresen a través de ella.

Con el tiempo, si se mantiene alerta, usted aprenderá a decodificar las señales más sutiles que le envíen los seres angélicos. Si en un principio se producen interferencias en la comunicación, a causa de su falta de experiencia, no se desanime. Tenga en cuenta que el ángel no necesariamente le responderá por la misma vía que usted ha utilizado.

• Afirmación.

Los niños, al igual que vosotros los ángeles, son seres de luz. Los ángeles jamás le niegan la protección a un niño y, por eso, confío en obtener la protección de mi hijo. Cuando los niños sonríen, el corazón de los ángeles se regocija y también ellos sonríen. La sonrisa de un ángel llena los espíritus de paz y los corazones, de dulce miel. Hoy el ángel va a sonreírme porque lo invocaré para mi niño.

• Oración para el ángel guardián de su hijo, una vez que ha establecido el primer contacto.

Escúchame, Vehuiah, a Ti te invoco, ángel guardián de mi hijo. Soy (diga su nombre) *la madre (o el padre) de* (nombre de su hijo) *y tal como acordé contigo el primer día, quiero que el fruto de mi corazón, mi hijo querido, sea cada día un poco más feliz. Hazte presente en el templo que debo pedirte que guíes a mi hijo por el camino del bien. Tú eres un ser sabio, investido de los poderes de Dios, y podrás ayudarme en lo que te pido, porque tienes la excelencia para hacerlo.*

A continuación, formule su pedido por el medio que quiera. Recuerde que éste debe tener siempre una forma positiva, jamás negativa. Por ejemplo: *Deseo que mi hijo obtenga buenas calificaciones en sus exámenes finales que para él tanto representan.*

Jamás diga:
No quiero que se saque bajas calificaciones.

• Oración para Uriel.

Uriel, a Ti te invoco, porque sólo Tú puedes poner fin al problema que aqueja a mi hijo (nombre de la niña o del niño). *Yo soy* (su nombre) *y quiero pedirte que traigas tu luz del este y la deposites sobre mi hijo amado. El tiene un problema que sólo Tú puedes solucionar y confío en tu protección para que ese conflicto tenga fin. Manifiéstate, muéstrame tu luz y tu poder y devuelve la paz a mi corazón de madre.*

A continuación, formule su pedido de manera positiva y agradezca al ángel su presencia, por ejemplo:

Deseo que mi hijo esté protegido de los accidentes domésticos, ya que necesito alejarme del hogar para trabajar. Gracias por hacerte presente en mi morada y escuchar mis pedidos.

• Oración para Rafael.

Rafael, arcángel del Oeste, yo (su nombre), *te invoco para que derrames el bien gota a gota sobre mi hijo* (nombre del niño o de la niña). *Tú, que alejas las enfermedades y los pesares, debes entrar a mi hogar y posar tu angélica mano bienhechora sobre mi niño. Hazte presente ante mí porque necesito de tu luz para desalojar la oscuridad de mi corazón de madre.*

A continuación, formule su pedido y agradézcale al ángel su presencia: *Quiero que mi hijo se cure de su dolencia, recupere las fuerzas y se sane. Agradezco la bondad con que acoges mi pedido y pones paz y bienestar en mi corazón.*

• Oración para Gabriel.

Gabriel, ven desde el Sur, puesto que yo (su nombre) *te invoco para que socorras a mi hijo* (nombre del niño o de la niña). *El dulce fruto de mi corazón, mi tierno hijo, necesita la protección de tu ser angélico. Sólo Tú puedes socorrerlo en esta hora y sólo tu presencia en este templo será capaz de devolverme la paz. Ven pues, querido arcángel y otórgame lo que te pido.*

A continuación, formule su pedido de manera positiva, por ejemplo: *Necesito que mi hijo abra su espíritu al mundo y se transforme en un ser comunicativo, porque sólo así accederá a la cuota de felicidad que el Cielo le ten-*

ga destinada. *Gracias por tu bondad, ángel del Sur, y por hacerte presente en mi templo.*

• Oración para el arcángel Miguel.

¡Oh!, arcángel que velas los sueños inocentes de los niños, yo (diga su nombre) *te invoco para que contribuyas a la felicidad de mi hijo* (nombre del niño y de la niña). *Manifiéstate ante mí, dame una señal de tu presencia para que mi corazón se inunde de alegría y en mi espíritu reine el regocijo. Necesito de tu luz y sé que Tú no me la negarás. Pero no pido nada para mí, sino para el dulce fruto de mi corazón que hoy tiene necesidad de consuelo.*

A continuación, formule su pedido de manera positiva y agradezca al ángel su presencia:

A mi hijo lo atormentan las visiones nocturnas. Quiero que le envíes dulces sueños cuyos efectos positivos persistan también en la vigilia. Gracias por escuchar mi pedido y por derramar tu luz sobre mi casa. Gracias, Arcángel del Norte, por tu presencia bienhechora.

Los ángeles protegen especialmente a los niños: invóquelos e invítelos a su hogar cada vez que lo considere necesario.

HECHIZOS QUE AYUDAN A MANTENER LA ARMONIA Y LA PASION EN LA PAREJA

9ª

Revelación

Esto fue lo que me
dijo el ángel:

*NOSOTROS TENEMOS OTRA
DIMENSION DEL AMOR,
POR ESO, PODEMOS
AYUDAR A LAS PERSONAS A
CONSERVAR ESE
SENTIMIENTO SUBLIME.*

omo los ángeles son amor, nadie mejor que ellos puede ayudarnos a resolver los problemas del corazón. Muchos son los hombres y mujeres que me han consultado acerca de sus problemas amorosos y, por esta razón, puedo decir con conocimiento de causa que una de las cosas más lamentables que pueden suceder en una pareja es la pérdida de la armonía y la pasión que en un principio unió a sus integrantes.

Por lo general, la generosa entrega inicial y el entusiasmo propio de los comienzos no logran resistir los estragos que producen la rutina, los problemas económicos, el cansancio del trabajo, las dificultades de todo tipo. Es así que con el tiempo sobreviene el desencanto y, con él, la resignación, la infidelidad o la ruptura.

Los ángeles pueden ayudar mucho en estos conflictos tan típicamente humanos porque ellos mejor que nadie conocen los secretos que anidan en nuestros corazones, los misterios insondables que determinan que a veces, poco a poco, casi sin darnos cuenta, dejemos de amar a la persona que hemos amado intensamente durante mucho tiempo.

Ariel, Veuliah y Aniel lo ayudarán a preservar la armonía y la pasión y a solucionar diversos conflictos que puedan surgir en la pareja. Nitahel lo socorrerá si siente que su pareja no corresponde a sus sentimientos. Daniel, Nanael, Vehuel, si ha sido víctima de una infidelidad.

Los 3 cofres del amor

A continuación le enseñaré a confeccionar tres "cofres de amor" diferentes. Usted deberá preparar cualquiera de los tres siete días antes de iniciar el ritual angélico de pedido. Si convive con su pareja, colóquelo debajo de la cama matrimonial y déjelo allí durante las siete noches previas al ritual angélico. Si no convive con ella, colóquelo debajo de su propia cama. Cualquiera de los cofres que utilice se cargará de energía, pero como se tratará de una energía difusa, los ángeles se encargarán de transformarla, de orientarla, de convertirla en armonía y pasión.

Confeccione el cofre cuando la Luna esté en Cuarto Creciente.

Cofre Nº1

Consiga una caja, preferentemente una que tenga para usted algún significado especial, ya sea porque en dicha caja venía envuelto un regalo que apreció mucho en su momento, porque se trata de una caja en la que se guardaban las joyas familiares o porque en ella guarda las cartas que le envió su pareja.

Libere la caja de su contenido original y coloque en ella:

• Un anillo, preferiblemente uno que para usted esté cargado de significados positivos.

• Un souvenir de un momento feliz de su pasado. (Por ejemplo, un pequeño juguete de peluche que le regaló su pareja, la lapicera que lo acompaña desde su infancia o un objeto que haya pertenecido a su familia y que tiene para usted un valor afectivo muy importante).

• Una prenda íntima de su pertenencia.

Cierre la caja y repita en voz alta:

Así como esta caja preserva mis pertenencias íntimas, los ángeles preservarán a mi pareja.

A continuación coloque la caja debajo de la cama y cada noche, antes de acostarse, durante las siete noches sucesivas, sáquela, tómela entre sus manos mientras repite la oración y vuelva a ubicarla en el mismo lugar.

Cofre Nº 2

Consiga una caja que, tal como se indica para

el cofre nº 1, tenga para usted algún significado especial. Deposite en ella:

• Un pañuelo de su pertenencia con las gotas del perfume que usa habitualmente.

• Un poema de amor del autor que prefiera copiado con su letra manuscrita.

• Un espejo pequeño.

• Un limón fragante.

Cierre el cofre y repita en voz alta:
Que la armonía perdure como perdurará en mi recuerdo el aroma del limón.
Que el pañuelo no permita que las lágrimas se derramen.
Que el espejo refleje nuestros cuerpos y nuestras almas.
Que en la relación reine la poesía.
A continuación, coloque la caja debajo de la cama y cada noche antes de acostarse, durante las siete noches sucesivas, sáquela, tómela entre sus manos mientras repite la oración y vuelva a ubicarla en el mismo lugar.

Cofre Nº 3

Al igual que se indica para los cofres número uno y dos, tome una caja que para usted tenga un significado positivo y deposite en ella:

• Una gema de color amarillo.

• Una piedra de cuarzo.

• Un lapislázuli.

Cierre la caja y repita en voz alta:
Que nuestro amor y nuestra pasión perduren con la persistencia misma de las piedras.
A continuación, coloque la caja debajo de la cama y cada noche antes de acostarse, durante las siete no-

ches sucesivas, sáquela, tómela entre sus manos mientras repite la oración y vuelva a ubicarla en el mismo lugar.

Rituales angélicos para preservar la pareja

• **Preparación del ambiente.**

Perfume el ambiente con dos tipos de aroma diferentes. Por un lado, perfumes orientales y, por otro, perfumes florales y cítricos.

En cuanto a la música, siga el mismo criterio. Por un lado, melodías suaves y apacibles, seguidas por melodías más enérgicas.

• **Preparación del templo y las ofrendas, consagración de talismanes.**

Consulte la tabla de ofrendas y talismanes del apartado 5 y establezca cuáles son los que más le convienen de acuerdo con la especie angélica que va a invocar. Si invoca a más de un ángel y ambos pertenecen a un género diferente, atraiga a cada uno con la ofrenda que le corresponda y elija los talismanes que corresponden a cada uno.

Recuerde que el templo de invocación sólo estará completo cuando el círculo mágico se encuentre cubierto por el palio blanco.

• **Visualización.**

Como usted va a pedir pasión y armonía, haga el siguiente ejercicio de visualización:

Entro en una casa silenciosa colmada de luz. De sus paredes se desprende una luz color de miel que inunda el ambiente de dorado y que me hace sentir muy bien. El silencio y la paz son tales que quisiera continuar para siempre allí. Continúo caminando por la casa y en todas las habitaciones reinan la luz y el silencio. De pronto abro una puerta y percibo que allí el ambiente es distinto.

Cierro la puerta y permanezco en el centro de la habita-
ción. Comienzo a tener conciencia de mi cuerpo y de cada
uno de mis sentidos: siento aromas y melodías, percibo el
suave tacto de mi piel, a mi boca acude un olvidado sabor
de la infancia. Mis sensaciones son cada vez más intensas
y todo mi cuerpo vibra con ellas. Me inundo de felicidad
hasta que me siento embriagada. Entonces abro la puerta y
vuelvo a salir en busca de un poco de aire fresco. Desando
el camino y paso nuevamente por las mismas habitaciones
que ya recorrí. Nuevamente encuentro la paz. Mi cuerpo se
serena y mi espíritu vuelve a aquietarse.

- **Afirmación.**

Los ángeles son seres de luz y de amor. Por lo
tanto, creo en su poder para hacer que el amor resulte per-
durable.

- **Invocaciones.**

- Invocación del ángel protector:

Yo (su nombre) *te invoco a Ti* (nombre del ángel protector) *para que cumplas con la misión que Dios te*
ha encomendado y me prestes asistencia, me ampares y me
guíes. Manifiéstate, hazme sentir tu presencia angélica en
mi vida.

- Invocación del ángel o los ángeles del amor:

Yo (su nombre) *te invoco a Ti Ariel, para que*
junto con tus hermanos, Veuliah y Aniel, preserves el amor de
mi pareja y nos des la dicha. Tu que eres luz y amor sabrás
bien cómo hacerlo. Espero confiadamente que te manifiestes
en mi vida y que me hagas sentir tu presencia angélica.

- **Pedido o mandato.**

A vosotros, ángeles del amor, a vosotros, ama-
dos Ariel, Veuliah y Aniel, os pido que deis la armonía y la
pasión perdurables.

- **Sellado del mandato.**

Sello este mandato con las divinas palabras an-

gélicas ERGANON-NONAGER. Que así sea.

• Recepción del mensaje angélico.

Permanezca en el templo y siga todos sus impulsos. Por ejemplo, si está tentado de abrir un libro, hágalo, es posible que allí encuentre la respuesta del ángel. Pero quizás el ángel postergue su presentación y elija aparecer en sueños. En cualquier caso, el medio de aparición del ángel le será revelado a través de sus sentimientos. Usted «sentirá» las manifestaciones del ángel. Si recibe un mensaje claro, anótelo de inmediato en el diario angélico.

• Agradecimiento.

Os agradezco Ariel, Veuliah y Aniel, vuestra presencia en mi casa y el haber escuchado mi pedido. Os estaré por siempre agradecido.

MAGIA PARA QUE LOS ANGELES LLEVEN EL DINERO Y EL TRABAJO AL HOGAR

10ª Revelación

Esto fue lo que me dijo el ángel:

NUESTRO SER INMATERIAL SE REGOCIJA SI AUMENTAN LOS BIENES MATERIALES. LA FELICIDAD HUMANA DEPENDE DE UN SABIO EQUILIBRIO ENTRE LO PALPABLE Y LO INTANGIBLE.

unque los ángeles son seres espirituales, su poder se extiende sobre el reino material y es posible invocarlos para pedirles prosperidad, trabajo y mayor ingreso de dinero.

Si usted está atravesando una situación difícil a nivel monetario, no dude en recurrir a los ángeles, porque ellos pueden darle lo que usted necesita.

Rituales para incrementar el ingreso de dinero

Para atraer la prosperidad material, será conveniente que usted entregue al ángel diferentes objetos de atracción material. El tomará de dichos objetos su energía y se la devolverá convertida en mayores ingresos laborales o negocios redituables.

En este apartado, por lo tanto, le enseñaré a confeccionar diferentes objetos de atracción de la prosperidad material que usted deberá colocar en su templo antes de comenzar el ritual angélico. Una vez que el ángel se haya presentado y haya absorbido de ellos la energía que se encargará de transformar, estos objetos quedarán vacíos de poder.

Amuletos de atracción

La bolsa de la prosperidad

La bolsa de la prosperidad debe confeccionarse entre la Luna Nueva y la Luna Llena y debe ser de tela amarilla. Cósala a mano con hilo blanco y coloque en su interior:

- Una moneda del valor más alto de las que utiliza habitualmente.
- Una moneda del valor más bajo de las que utiliza habitualmente con una perforación en el

centro que deberá realizar o pedirle a otra persona que realice con un taladro.

• Un billete de alto valor.

• Un objeto de oro. Puede ser una pequeña medalla, un anillo o lo que tenga más a mano.

• Un pequeño trozo de estaño.

• Un mechón de sus cabellos.

• Una piedra de lapislázuli.

• Granos de trigo.

• Granos de arroz.

Una vez que haya colocado todos los elementos, cierre bien el saco y colóquelo debajo de la almohada durante tres días antes de comenzar el ritual angélico.

El cuenco de la prosperidad

El cuenco debe comenzarse el primer día de Luna Creciente. Coloque en un recipiente pequeño siete lentejas, siete arvejas secas, siete granos de arroz, siete granos de trigo y siete gotas de aceite. Ponga el recipiente al sol durante un día entero y, por la noche, déjelo a la luz de la Luna. Recién entonces colóquelo en el centro del templo angélico.

Amuleto con lentejas

La confección del amuleto debe comenzarse un domingo durante el período de Luna Nueva. Proceda de la siguiente manera:

• Seleccione siete lentejas grandes.

• Apague las luces de la habitación y encienda una vela de color amarillo.

• Cruce los pies (tenga en cuenta que jamás deberá cruzarlos dentro del templo angélico) y tome las lentejas entre sus manos con fuerza y piense que la situación que desea ya se ha materializado.

• Diga en voz alta:

Quiero que mis ingresos aumenten con la

misma potencia con que germinarán estas
semillas.

• Apague la vela sin soplar (con un espavilador o con los dedos húmedos).

• Realice este ritual durante siete días. Al octavo, deposite las lentejas sobre un algodón húmedo y déjelas germinar. Recién cuando asomen sus primeras raíces, colóquelas en el templo angélico sin sacarlas del algodón.

Usted puede elegir cualquiera de estos tres amuletos para entregárselos al ángel y que él se los devuelva transformados en prosperidad material. Luego de confeccionar sus objetos de atracción, cumpla con cada uno de los pasos del ritual angélico.

• **Preparación del ambiente.**

Utilice aromas densos, por ejemplo, madera de sándalo y perfumes orientales. En cuanto a la música, prefiera las melodías cargadas de fuerza y energía como la **Marcha Triunfal**, de Aída o cualquiera de las sinfonías de Ludwig van Beethoven.

• **Preparación del templo y las ofrendas, consagración de talismanes.**

Consulte la tabla de ofrendas y talismanes del apartado 5 y establezca cuáles son los que más le convienen de acuerdo con la especie angélica que va a invocar. Si invoca a más de un ángel y ambos pertenecen a un género diferente, atraiga a cada uno con la ofrenda que le corresponda y elija los talismanes que corresponden a cada uno.

Recuerde que el templo de invocación sólo estará completo cuando el círculo mágico se encuentre cubierto por el palio blanco.

• **Visualización.**

Un hombre desconocido, cuyo rostro está a me-

dias oculto por un sombrero de ala ancha, avanza con las manos llenas de dinero. Al llegar frente a mí me dice: "Mi nombre es Suerte, Prosperidad, Oportunidad o como quieras llamarme, y podrás disfrutar cuanto quieras de este regalo que voy a entregarte. Adminístralo con prudencia y te proporcionará muchos momentos de placer y muchas satisfacciones". Yo tomo el dinero entre mis manos y le prometo gastar ese dinero con mesura y buen criterio. El hombre esboza una sonrisa y da media vuelta, retirándose de mi vista.

• **Afirmación.**

Creo en el poder de los ángeles para poner la suerte a mi favor, para mover los hilos del azar y la abundancia y darme así la oportunidad de incrementar mis ingresos para poder disfrutar junto con los míos de una situación material más próspera.

• **Invocaciones.**

- Invocación del ángel guardián:

Yo (su nombre) *te invoco a Ti* (nombre del ángel guardián) *para que asistas y me protejas en mi intento de alcanzar la prosperidad. Desciende sobre mi templo y derrama tu luz bienhechora.*

- Invocación del ángel encargado de incrementar el dinero:

Yo (su nombre) *te invoco a Ti, Mumiah. Manifiéstate para que yo pueda sentir tu presencia bienhechora que otorga prosperidad. Hoy te necesito a Ti, tengo necesidad de que ejerzas tu poder sobre mí y espero confiado en que te harás presente en el templo y tu bondad modificará positivamente mi vida.*

• **Pedido o mandato.**

Mumiah, necesito que incrementes mi patrimonio material. El dinero me ayudará a disfrutar de los bienes espirituales que ya poseo. Dame lo que te pido, Mumiah, y te estaré eternamente agradecido.

- **Sellado del mandato.**

Sello este mandato con las palabras angélicas ATRAI-TITRES. Que así sea.

- **Recepción del mensaje angélico.**

Permanezca en el templo y siga todos sus impulsos. Por ejemplo, si está tentado de abrir un libro, hágalo, es posible que allí encuentre la respuesta del ángel. Pero quizás el ángel postergue su presentación y elija aparecer en sueños. En cualquier caso, el medio de aparición del ángel le será revelado a través de sus sentimientos. Usted «sentirá» las manifestaciones del ángel. Si recibe un mensaje claro, consígnelo de inmediato en el diario angélico.

- **Agradecimiento.**

Yo (su nombre) *te agradezco a Ti* (nombre de su ángel protector) *y a Ti, Mumiah, por vuestra infinita bondad y por escuchar mi pedido. Allí donde vaya, los llevaré en mi corazón.*

Por último, tome uno de los talismanes consagrados, protéjalo con una bolsita de terciopelo blanco, colóquelo en su billetera y llévelo siempre con usted.

Ritual para conseguir trabajo

Este ritual debe llevarse a cabo el primer día de Luna Llena. Coloque dentro del templo siete filas horizontales de siete velas cada una, de la siguiente manera:

Primera fila: Velas moradas

Segunda fila: Velas verdes

Tercera fila: Velas amarillas

Cuarta fila: Velas rojas

Quinta fila: Velas plateadas

Sexta fila: Velas doradas

Séptima fila: Velas azules

Apague las luces de la habitación y encienda la

primera fila. Pase las manos extendidas a pocos centímetros de las llamas y repita en voz alta

Mis manos toman calor.

Mi vida va a mejorar.

Volveré a encontrar trabajo.

Porque los ángeles me ayudarán.

A continuación encienda las filas siguientes en el orden indicado y repita cada vez la oración en voz alta. Deje que las velas se consuman solas.

Repita este ritual durante siete días, al atardecer, y recién entonces, en el día octavo, invoque a los ángeles.

• Preparación del ambiente.

Proceda de la misma manera que para pedir el incremento de sus bienes materiales.

• Preparación del templo y las ofrendas, consagración de talismanes.

Consulte la tabla de ofrendas y talismanes del apartado 5 y establezca cuáles son los que más le convienen según la especie angélica que va a invocar. Si invoca a más de un ángel y ambos pertenecen a un género diferente, atraiga a cada uno con la ofrenda que le corresponda y elija los talismanes que corresponden a cada uno.

Recuerde que el templo de invocación sólo estará completo cuando el círculo mágico se encuentre cubierto por el palio blanco.

• Visualización.

Subo una escalera muy empinada. El final de la escalera está muy lejos del principio. Asciendo cada vez más despacio porque me fatigo y la fatiga me hace sentir desanimado. Pero a los costados de la escalera hay gente sin rostro que me incita a seguir subiendo. Venzo la fatiga y lo hago, pero otra vez me asalta el cansancio y nuevamente la gente sin rostro me anima a seguir. Por fin, veo el final de la esca-

lera y entonces mi cansancio desaparece de inmediato. Cuando subo le último peldaño un hombre me entrega un papel y me dice: "Tu padecimiento ha terminado, aquí tendrás ocupación y podrás ganarte el pan que comas".

• Afirmación.

Recurro al poder de los ángeles porque creo en su infinito poder para darme lo que necesito. Los ángeles me permitirán encontrar lo que he perdido y esta certeza es la llama que entibia mi corazón entristecido.

• Invocaciones.

- Invocación del ángel protector:
Yo (su nombre) *te invoco a Ti* (nombre del ángel guardián) *para que me protejas y me guíes convirtiendo mi desesperanza en luz.*

- Invocación del ángel o los ángeles del trabajo:
Yo (diga su nombre) *te invoco a Ti, Lelahel, para que junto con tus hermanos Achaiah y Cahethel, me restituyas lo que he perdido. En mi corazón anida la desesperanza y de ti depende que ese sentimiento desaparezca. Necesito de tu luz y sé que no me la negaréis.*

• Pedido o mandato.

A Ti te pido, Lelahel, que me restituyas el trabajo que he perdido. Necesito volver a encontrar la tranquilidad y la esperanza que otorga el trabajo y también los míos lo necesitan.

• Sellado del mandato.

Sello este mandato con las palabras TRUSANI-TERPLON. Que así sea.

• Recepción del mensaje angélico.

Permanezca en el templo y siga todos sus impulsos. Por ejemplo, si está tentado de abrir un libro, hágalo, es posible que allí encuentre la respuesta del ángel. Pero quizás el ángel postergue su presentación y elija aparecer en sueños. En cualquier caso, el medio de aparición del ángel le será revelado a través de sus sentimientos. Usted «sentirá» las manifestaciones del ángel. Si recibe un mensaje claro, anótelo de inmediato en el diario angélico.

● **Agradecimiento.**

Yo (su nombre) *te agradezco a Ti* (nombre de su ángel protector) *y a vosotros Lelahel, Achaiah y Cahethel, por derramar su luz sobre mí y escuchar mi pedido.*

Tome uno de los talismanes consagrados, protéjalo con una bolsita de terciopelo blanco, guárdelo en su billetera y llévelo siempre con usted.

CÓMO INCUBAR SUEÑOS CON ANGELES

11ª
Revelación

Esto fue lo que me dijo el ángel:

LOS SUEÑOS PROVIENEN DEL CORAZON. BUSCANOS ALLI CUANDO NOS NECESITES;EN TU CORAZON O EN TUS SUEÑOS TE ESTARE-MOS ESPERANDO.

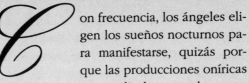on frecuencia, los ángeles eligen los sueños nocturnos para manifestarse, quizás porque las producciones oníricas participan de la etérea materia angelical: son reales, pero intangibles, nos dan mensajes y favorecen el autoconocimiento, pero pertenecen a otro plano de la existencia que no es el plano de lo real.

Al igual que sucede con los ángeles, además, los sueños pueden "aparecer" de manera espontánea para que, a través de ellos, realicemos nuestros deseos y resolvamos nuestros conflictos, pero su aparición también puede ser propiciada. Así, del mismo modo que se "invocan" ángeles, pueden "incubarse" sueños. Es más, pueden incubarse sueños angélicos, producciones oníricas que constituyan el escenario ideal para que los ángeles se manifiesten y nos den la respuesta que estamos buscando para un problema o nos regalen un consejo.

Estoy seguro de que todos o casi todos los lectores de este libro se han levantado alguna vez con la sensación de haber resuelto un problema a través de un sueño o de haber percibido algún aspecto de la realidad que se le escapó durante la vigilia. Una mujer que conocí en uno de mis viajes, me contó cierta vez una experiencia onírica particular que le había resultado de enorme provecho:

Estaba muy preocupada por un problema laboral. Yo realizaba ciertos trabajos para una empresa con la que mantenía relación de dependencia, a pesar de no concurrir a ella todos los días. Me desempeñé allí por más de quince años sin ningún tipo de conflicto. Eran puntuales y meticulosos en el pago y jamás en esos quince años tuve que efectuar ningún reclamo. Mi contacto con los empleados que trabajaban allí era prácticamente nulo, porque yo realizaba mi trabajo en mi casa, lo entregaba puntualmente dos veces por semana y lo recibía siempre la misma persona. Un día me sorprendió que esta persona me dijera que no había dinero para pagar los sueldos, porque la empresa

estaba atravesando por una situación sumamente difícil.
Dejaron de pagarme alegando que ninguno de los otros em-
pleados había cobrado. Yo me preocupé, no sólo por el per-
juicio personal que esto me producía, sino también por la
situación de la empresa que constituía una fuente de traba-
jo para muchas personas y con la que yo tenía una relación
de afecto que se había forjado en los quince años que ha-
bía trabajado en ella. Cada vez que hablaba con la perso-
na que me recibía el trabajo, me contaba situaciones nega-
tivas relacionadas con el curso de las finanzas: según ella,
el banco en donde tenían depositados los ahorros había si-
do cerrado por falta de respaldo y había que esperar que se
resolviera la situación de los ahorristas que habían deposi-
tado su dinero allí. Como no tenía ningún motivo para sos-
pechar que no me estaban diciendo la verdad, creí a pie
juntillas en cada palabra. Un día, sin embargo, soñé con
una escena que había vivido: la mujer encargada de reci-
bir el trabajo me decía que la empresa atravesaba serios
problemas económicos, pero, simultáneamente, yo recibía
una revelación: una voz o "algo" que no podía definir bien
me indicaba: "¿No te das cuenta de que esta mujer está de-
masiado tranquila? ¿Cómo puede mantenerse así ante la si-
tuación que está viviendo?" También ella es una empleada
de la empresa y la totalidad de sus ingresos proviene de ese
trabajo". Cuando me desperté, tuve la sensación cabal de
que me había sido revelada una verdad irrefutable. Un de-
talle que se me había escapado durante la vigilia se hacía
presente durante el sueño y arrojaba una nueva luz sobre
el problema. Tan fuerte fue la sensación de que lo que se me
decía en el sueño era verdad, que no lo dudé por un instan-
te y esa misma tarde fui hasta el lugar de trabajo, esperé la
salida de los empleados y me acerqué, como por casuali-
dad, a uno de ellos. Le pregunté si era cierto lo que se rumo-
reaba "afuera", es decir que tenían graves problemas eco-
nómicos y que habían dejado de pagar los sueldos. Me mi-
ró asombrado. No tenía la menor idea de lo que estaba ha-
blando. Entonces, la estrategia que estaba utilizando la

mujer se me hizo clara: quería desalentarme para que me fuera sin percibir la indemnización que me correspondía. Consulté con un abogado, mandé un telegrama intimando al pago y realicé todas las operaciones legales del caso. Por supuesto, me pagaron lo que me debían y se vieron obligados a poner las cartas sobre la mesa y comunicarme que habían decidido prescindir de mis servicios, debido a una reestructuración interna. Esa decisión, como es obvio, implicaba el pago de una indemnización. Mi buena fe me había impedido sospechar que, detrás de la actitud que habían adoptado, se ocultaba una estrategia innoble y, de no mediar el sueño revelador, es casi seguro que me hubiera alejado sin reclamar lo que me correspondía.

Como puede percibirse a través de este relato, los sueños no son imágenes inconexas y arbitrarias, sino que cumplen una función precisa en nuestra vida. La función, sin embargo, no siempre aparece tan clara como en el caso que acabamos de ver, pero siempre existe. Ya Freud había señalado la enorme importancia de los sueños como modo simbólico de realizar deseos ocultos, manteniendo así el equilibrio psíquico. No es de extrañar, entonces, que no sólo constituyan la "vía regia" de acceso al inconsciente, sino, además, la vía regia de manifestación de los ángeles.

Los seres angélicos son, en muchos casos, los encargados de entregar los mensajes contenidos en los sueños, de proporcionarnos a través de ellos, algún conocimiento sobre problemas que enfrentamos en la vigilia.

Cuando realizamos una invocación a un ángel para que éste descienda sobre nuestro templo y nos ilumine con su luz, una de las vías posibles de manifestación del ángel es el sueño. Por lo tanto, los rituales de magia angélica que se llevan a cabo durante la vigilia, constituyen una forma de favorecer la aparición de los ángeles en sueños. Sin embargo, se trata de una forma indirecta, ya que una vez invocado, será el ángel quien establecerá su forma de manifestación y ésta podrá ser tanto el sueño como cualquier otra, por ejemplo, la escritura automática.

Para que los ángeles aparezcan en los sueños, hay un método específico que consiste en la incubación de sueños angélicos. En efecto, como los sueños son una "creación" propia -más precisamente de nuestro inconsciente- nosotros tenemos el poder de "modelar", de "incidir" esa obra que nos pertenece y sobre la cual, habitualmente, no tenemos injerencia directa.

Todos, absolutamente todos los seres humanos, tenemos la capacidad potencial de incubar sueños, pero muy pocos las ponemos en práctica en la edad adulta. En la niñez, sin embargo, lo hacemos de manera espontánea sin tener conciencia siquiera de que estamos empleando un método.

Es posible incubar sueños sobre cualquier tipo de problema, siempre y cuando no se trate de un problema demasiado trivial, porque si lo es, muy probablemente olvidaremos el contenido del sueño cuando despertemos o que el ángel no considere necesaria su presencia en sus fantasías nocturnas.

La incubación de un sueño en general y de un sueño angélico en particular, requiere que se cumplan determinados requisitos:

Requisito 1: Elegir la noche propicia. La noche indicada para incubar un sueño es aquélla en que no estamos demasiado cansados y no hemos ingerido alcohol o algún tipo de medicamento como los sedantes, capaces de deprimir las operaciones de nuestra vida psíquica. Tenga en cuenta que los tranquilizantes y píldoras para dormir tienen una incidencia negativa sobre nuestra mente.

Requisito 2: Rescatar los sueños. Los sueños se olvidan muy pronto si no se lleva cabo un verdadero trabajo de "rescate". El momento más propicio para llevar a cabo este trabajo es el período que media entre el sueño y el despertar. Como el inconsciente aún no ha tenido tiempo de ejercer su censura, es posible recordar con nitidez.

Haga un esfuerzo por repasar, en ese momento, lo que soñó durante la noche. Las primeras imágenes que vislumbrará serán las del último período del sueño y, a partir de ellas, deberá recuperar todas las demás.

Cuando no recuerde nada más, cambie de posición. Posiblemente, aparecerá algún nuevo recuerdo. Este período, en el que se encontrará particularmente relajado y receptivo, dura aproximadamente unos 15 minutos. Si no está seguro de recordar lo soñado luego de haberse levantado, regístrelo inmediatamente en un grabador.

Requisito 3: Confeccionar un diario de sueños angélicos. Consigne en el diario angélico todos los detalles del sueño que le parecieron significativos y el mensaje y la actitud del ángel. Recuerde que cuando se reúne un corpus amplio de mensajes, éstos adquieren nuevas significaciones. No anote "interpretaciones" personales sobre los mensajes o sobre el sueño angélico en general; recuerde que los mensajes angélicos "hablan" por sí mismos si los confrontamos entre sí o si, simplemente, los dejamos "reposar" un tiempo para volver a interrogarlos más adelante.

Requisito 4: Madurar la incubación. A fin de que el ángel se aparezca en sueños para contestar sus preguntas o resolver sus problemas, es necesario que las preguntas a contestar o problemas a resolver "merezcan" su presencia, es decir, que sean lo suficientemente importantes. Esto no significa que deban ser considerados importantes por los demás, sino que deben ser íntimamente trascendentes para usted. No es lo mismo preguntarle al ángel qué color de ropa debe elegir para su próxima reunión social, que consultarlo acerca de las actitudes que debe asumir para darle un curso más positivo a su vida.

Por otro lado, usted deberá estar dispuesto a recibir su mensaje no sólo con el intelecto, sino también con el corazón y estar preparado para llevar las soluciones que le proponga el ángel hasta sus últimas consecuencias. Si invoca al ángel para obtener de él soluciones mágicas, pero no está dispuesto a cambiar nada de su interiores -si, por ejemplo usted incuba un sueño angélico sin una convicción profunda y un profundo deseo de cambio positivo- la incubación no será exitosa: es posible que el ángel no acuda a la cita. Supongamos, por ejemplo, que usted le pregunta al ángel por qué, siendo que no tiene demasiados problemas en su vida y cuenta con todos los bienes con los cuales otra persona podría sentirse dichosa, usted no logra experimentar una sensación de dicha plena. La respuesta del ángel no sólo tendrá por objeto satisfacer formalmente su pregunta, sino que, además, le mostrará el camino por el cual usted debe transitar para solucionar su conflicto. Si la respuesta del ángel fuera, por ejemplo: *Porque tienes demasiado apego a las cosas materiales y estás dejando de lado la dimensión espiritual de la vida,* su actitud ante lo que el ángel le dice debe ser receptiva y activa, es decir, usted debe estar dispuesto a comprometerse con las palabras angélicas y tratar de obrar en consecuencia. No vale la pena que intente incubar sueños angélicos, si no está dispuesto a realizar ningún cambio fundamental en su existencia, si no está dispuesto, por ejemplo, a bucear en su interior y a retomar el camino espiritual que su preocupación por los bienes materiales le hizo perder. Por esta razón, es necesario "madurar la incubación", es decir, hacer un acto de introspección que nos permita reconocer si estamos dispuestos a asumir todas las implicancias que pueda tener el mensaje angélico.

Los pasos de la incubación

a) Preparación onírica.

Paso 1: Formulación de una frase de incubación. Usted debe postular su deseo, pregunta o demanda de la forma más clara posible y expresarla a través de una frase concreta que no debe ocupar más que una sola línea. Una vez que sepa cuál es esta frase, escríbala con claridad sobre un papel blanco. Si excediera la línea, púlala y sintetícela hasta que pueda expresarla en un sólo renglón con la menor cantidad posible de palabras. Esta frase no debe ir dirigida a ningún ángel en particular, ya que el destinatario principal de la misma es su inconsciente. Usted debe "grabar" esta frase en su mente, reteniendo no sólo los conceptos, sino también la grafía con que la ha escrito. De esta forma su deseo, pregunta o demanda adquirirá "materialidad", tendrá el mismo peso y la misma presencia que un objeto material y, de esta forma, podrá traspasar las barreras de la conciencia para alojarse en su inconsciente que es el productor fundamental del sueño.

Si se trata de una pregunta, formúlela de manera directa. No escriba, por ejemplo:

Quiero saber por qué no soy dichoso.

Escriba:

¿Por qué no soy dichoso?

Proceda de la misma forma si lo que va a formular es un pedido. En este caso no escriba, por ejemplo:

Desearía una mayor prosperidad.

Escriba:

Deseo mayor prosperidad.

Su demanda debe sonar lo más firme posible. Lo mismo es válido para solicitar ayuda. No escriba, por ejemplo:

Necesitaría que me ayudaras a comprender mis temores y angustias.

Escriba:

Ayúdame a comprender mis temores y angustias.

Cuanto más clara y específica sea su frase de incubación, tanto más lo será el sueño. Recuerde que el ángel que se aparezca en sus visiones oníricas lo hará en un paisaje y en una situación determinados y, muy probablemente, también dentro de un determinado "argumento" onírico.

Al formular su frase de incubación lo que usted está haciendo es, precisamente, crear las condiciones para que se genere un sueño en el que la aparición del ángel resulte lógica y natural, es decir, verosímil. Supongamos, por ejemplo, que usted formule la frase de incubación: *Ayúdame a comprender mis temores y angustias*. Al recibir esta frase, su inconsciente preparará inmediatamente una "escenografía onírica" adecuada, un "marco lógico" para la aparición del ángel y para su posible respuesta. Tenga en cuenta que el mensaje del ángel excede las palabras que pueda formular y que, incluso, puede no formular ninguna palabra en absoluto. Las significación del mensaje angélico está contenida en la totalidad del sueño, en cada uno de sus elementos y detalles. Si el ángel apareciera, por ejemplo, en medio de un cielo tormentoso y a partir de su presencia ese paisaje cambiara tornándose soleado y apacible, aunque el ángel no haya pronunciado palabra, su mensaje podría traducirse con poco margen de error como: *Pondré orden y luz en tu vida convirtiendo el caos en armonía*.

Paso 2: Relajación. Una vez que se encuentre en la cama, debe relajarse totalmente para desprenderse de las tensiones del día. De esta manera, evitará que lo que Freud llamó "el resto diurno", es decir, que el remanente de los sucesos acaecidos durante el día ocupe gran parte del sueño e impida que el concepto medular de la producción onírica aparezca con claridad.

Un ejercicio que puede darle mucho resultado es la siguiente visualización:

Mi cuerpo está escrito como si fuera un libro. En la piel puedo vislumbrar trozos de textos con diferentes tipografías que cubren toda su extensión, sin dejar centímetro libre. Esa escritura caótica ejerce sobre mí una suerte de aturdimiento, como si cada uno de esos textos tuviera voz propia y se expresara en voz alta. Tomo un paño blanco, lo humedezco con agua tibia y lo paso suavemente por mi piel. El contacto es reconfortante y, a medida que voy pasando el paño humedecido, las palabras se van borrando y mi piel vuelve a emerger rosada y limpia. Luego de un cierto tiempo, no queda vestigio alguno de la escritura. No siento calor ni frío, no siento dolor ni excitación. En mi mente no hay ningún

pensamiento. Me acomete una dulce pesadez y siento la
agradable sensación de estar desnudo, sin equipaje.

Paso 3: Repetición. Repita la frase de incubación hasta que ésta comience a perder su sentido original. De esta forma, la frase logrará "colarse" por las barreras de la conciencia y penetrar en su inconsciente.

Paso 4: Producción. Imagine un escenario posible para la aparición del ángel. Sea lo más detallista que pueda en este ejercicio de imaginación. Imagine, también, que camina por el escenario que diseñó mentalmente y que tiene un encuentro con el ángel.

b) Invocación angélica.

Trate de acostarse con la cabeza en dirección al Este. Si no es ésa la disposición habitual de su cama y no puede cambiarla, haga un esfuerzo de imaginación y piense que su cabeza apunta hacia los nacientes rayos del Sol.

Paso 1: Afirmación. Repita en voz baja:
Creo en el poder de los ángeles para manifestarse en los sueños y para satisfacer a través de ellos mis pedidos. Creo en la sutileza de los ángeles que les permite llegar a mundos remotos, construidos con las sustancia de los sueños que es también la sustancia de los ángeles.

Paso 2: Invocación del ángel guardián.
Yo (su nombre) *te invoco a Ti* (nombre del ángel guardián), *¡oh! ángel guardián, para que te manifiestes en mi sueño, para que poses tus alas de espumas sobre las espumosas imágenes que se forman en mi interior ,sin que aparentemente yo tenga ninguna intervención. Dame la señal de tu presencia en mis visiones nocturnas y permíteme recordarte al abrir los ojos.*

Paso 3: Pedido o mandato. Repita en voz baja su frase de incubación, pero, esta vez, destínela a su ángel. Si su frase de incubación fue, por ejemplo, *¿Por qué no soy dichoso?*, esta vez remítala a su ángel diciéndole: *Angel mío, quiero saber por qué no soy dichoso.*

Paso 4: Sellado del mandato. Diga:
Sello este mandato con las palabras BERJENON-ASICAI. Que así sea.

Paso 5: Agradecimiento. Diga:
Angel, gracias por la infinita bondad que te impulsa a llegar hasta mis sueños para iluminar mis noches con tu presencia y gracias por escuchar mi pedido.

Paso 6: Trabajo de sueño. Realice el agradecimiento en una posición cómoda que le permita conciliar el sueño y trate de no cambiarla antes de dormirse. Si se da vuelta o modifica de alguna manera su posición, es posible que su espíritu se aleje del trabajo de concentración que significó todo lo que realizó anteriormente.

Paso 7: Registre sus sueños angélicos. Es conveniente que, al despertar, registre sus sueños en una pequeña planilla que podría seguir el siguiente modelo:

Fecha	
Frase de incubación	
Argumento literal del sueño	
Mensaje explícito del ángel (si es que lo hay)	
Mensaje que se deduce del argumento del sueño	
Detalles significativos	
Observaciones (sensaciones, pensamiento y decisiones que provoca)	

Recuerde que un mensaje angélico, considerado en conjunto con otros, puede adquirir una significación más amplia y rica que considerado en forma separada. La planilla de sueños angélicos le facilitará, precisamente, la tarea de comparación. Forme distintas series con sus sueños. Agrúpelos, por ejemplo, de acuerdo con la frase de incubación. De esta manera, constatará cuántos mensajes angélicos diferentes o similares respecto de un mismo pedido. Otra forma posible de agrupación es la cronológica. Los sueños angélicos de un mes pueden permitirle observar ligeras variaciones en los mensajes en los que se oculte algún significado. También, puede agruparlos por tipos de mensajes: por ejemplo, mensajes explícitos e implícitos. Toda nueva agrupación enriquecerá su interpretación del mensaje angélico.

Testimonios de personas que recibieron a los ángeles en sueños

Muchas son las personas que me han contado sus experiencias oníricas con ángeles, pero de todos los testimonios he seleccionado aquí aquellos que creía más significativos porque aportaban algún dato nuevo respecto de ellos, permitiendo así hacer una caracterización de este tipo de sueños.

Testimonio de Doretta (25 años), recogido en Italia,

Desde pequeña los ángeles me visitaron en sueños, por lo que para mí la presencia angélica era habitual en mi vida. Creía que a la mayor parte de las personas le sucedía lo mismo y no le confería demasiado importancia. La verdadera magnitud de este hecho me fue revelada un día, durante la adolescencia. Yo atravesaba una de las típicas crisis que caracterizan a este período. Me había enamorado de un hombre que tenía treinta años y era casado y que me consideraba una niña, aunque yo me sentía toda una mujer. Nunca le confesé mi amor y este silencio que me autoimponía hacía que mi pasión fuera más intensa y también, más tormentosa. Contaba entonces quince años y ,pensaba que mi vida afectiva estaba acabada: tenía que ser ese hombre o ninguno y, dado que él era mayor que yo, estaba casado y no parecía advertir mi sentimiento y, de advertirlo, era muy probable que no le importara: parecía obvio que jamás encontraría la felicidad. Recuerdo que, por aquel entonces, hasta había pensado en suicidarme y dejarle una carta al hombre que amaba, confiándole mi secreto. De esta forma, al menos me garantizaría que él tendría que recordarme con cierta culpa, lamentar mi muerte, en fin, prestarme atención. Mis padres eran demasiado severos como para que yo pudiera confesarles lo que me pasaba, de modo que me encontraba en la más absoluta desesperación adolescente.

Una noche me acosté muy angustiada, pensando en ese hombre; había corroborado, una vez más, cuánto lo amaba. Me dormí llorando y recuerdo que soñé que soñaba. Es decir que yo era consciente de que todo lo que me ocurría en el sueño era, precisamente, un sueño. Era como si yo me convirtiera, a la vez, en espectadora y protagonista de mi propio sueño. Veía, entonces, descender a un ángel que se paraba a los pies de mi cama y que me decía: "El amor que sientes no debe asustarte. Se trata de un sentimiento muy hermoso, común a tu edad. Si hablas con tus amigas, descubrirás que todas ellas sienten una pasión similar. No te avergüences ni te sientas culpable, porque no tienes la culpa de nada. Pero tampoco creas que ese amor, de concretarse, te daría la felicidad. La felicidad está dentro de ti y ningún otro ser puede otorgártela. En el período de la vida que atraviesas, el corazón humano es un volcán y debes recibir sus explosiones como un maravilloso despertar de los más bellos sentimientos". El sentimiento más fuerte que acompañó a este sueño era el de no querer despertar de él. Yo supe en todo momento que estaba soñando, que el ángel que había descendido lo había hecho en sueños, pe-

ro, no obstante, su imagen era tan vívida, tan "real" y me transmitía tanta paz que no quería despertar nunca. Las palabras del ángel habían puesto paz en mi corazón y yo era consciente de haber vivido un suceso trascendental en mi vida. Cuando desperté, tuve inmediata conciencia de que el ángel me había hecho una revelación importante y comprobé que, tal como lo había experimentado durante el sueño, el dolor de mi corazón se había apaciguado.

El testimonio de Doretta resulta sumamente significativo, porque da cuenta de un hecho fundamental de las producciones oníricas en las que aparecen ángeles y que es independiente de que el sueño haya sido espontáneo o incubado: la mayor parte de los sueños con ángeles son lúcidos, es decir, que el soñante es consciente de que está viviendo un sueño del que es, a la vez, protagonista y espectador. En estos casos, como si se tratara de un libro en el que se hacen anotaciones en el margen, el soñante tiene la posibilidad de hacer observaciones sobre su propio sueño. Si, por ejemplo, se trata de una pesadilla que lo hace experimentar un fuerte sentimiento de angustia, se dirá a sí mismo que no debe angustiarse tanto, ya que sólo se trata de un sueño. Por el contrario, si se trata de un sueño agradable, el soñante experimentará el deseo de prolongarlo al máximo para no enfrentarse a la decepción del despertar.

El hecho de tener conciencia de que está viviendo un sueño y no un hecho "real" -en el sentido poco sutil en que solemos entender el concepto de "real" habitualmente- no eximirá a quien sueña de experimentar las profundas sensaciones vividas en el sueño.

Por otra parte, los sueños lúcidos resultan más vívidos que los que no lo son. Si fueran una obra pictórica podría decirse de ellos que son "hiperrealistas", ya que los menores detalles aparecen con toda nitidez y, en muchos casos, sobredimensionados. Por eso, el soñante tiene la sensación dual de estar viviendo un hecho a la vez "real" y onírico.

¿Por qué los ángeles aparecen preferiblemente en los sueños lúcidos? Las respuestas a esta pregunta pueden ser muchas, ya que este tipo de sueños constituyen un tema inagotable, pero la más lógica está relacionada con el hecho de que, durante los sueños lúcidos, se produce un desdoblamiento: el espíritu se independiza del cuerpo y adquiere preponderancia. Liberado de la tiranía del cuerpo, cobra existencia propia e independiente. Es lógico suponer, entonces que los ángeles elijan para manifestarse un momento de preponderancia del espíritu, ya que ellos son los seres espirituales por antonomasia.

Testimonio de Abu-Ibid (72 años), recogido en Arabia Saudita,

La presencia angélica siempre fue muy importante en mi vida. La primera vez que tuve contacto con un ángel fue a los 15 años. El ángel se presentó espontáneamente ante mí y me ayudó a resolver un problema familiar que me aquejaba desde hacía tiempo. Por eso, con el tiempo, aprendí a invocarlos y contar así con su invalorable ayuda en los momentos difíciles. Hace sólo unos cinco años que aprendí a incubar sueños para que los ángeles se manifestaran en mis visiones nocturnas. Puedo decir que fue un verdadero aprendizaje que realicé solo, ya que no contaba con la ayuda de ningún maestro ni de ningún libro que pudiera orientarme. Al principio, mis esfuerzos parecían vanos y me desanimé, ya que no lograba nada. Una noche, cuando ya estaba casi convencido de haber fracasado en mi aprendizaje, se me apareció un ángel en sueños y me dijo una frase que tardé mucho en comprender: "Construye una frase con tu deseo más profundo y recibirás nuestra visita". Aunque no alcanzaba entender el contenido de lo que el ángel me había dicho, traté de cumplirlo al pie de la letra. Pensé en mi deseo más profundo y lo expresé a través de una frase antes de dormirme. Esa misma noche recibí una nueva visita del ángel, quien me dio otra instrucción: "La frase debe ser lo más corta posible". Con el tiempo

y las lecturas supe que lo que el ángel me había enseñado
era a generar una "frase de incubación".

He aquí otra de las características de los sueños
angélicos: en ellos los ángeles suelen asumir una función
didáctica, enseñándonos, a través de sus apariciones reite-
radas, a perfeccionar nuestro modo de invocarlos. Los sueños son, por lo tanto, no sólo un lugar privilegiado de manifestación angélica, sino también una suerte de "cátedra"
en la que los ángeles nos revelan a los hombres la manera
de acercarnos a ellos. Testimonios similares a los de Abu-
Ibid he recogido en la India, en muchos países de Europa
y también en este país. Yo mismo he recibido instrucciones
angélicas a través de los sueños, convirtiéndome así en un
"alumno" de los seres celestiales.

**Testimonio de Mariana (42 años), recogi-
do en la Argentina,**

*Muchas veces, a lo largo de mi vida, he recibi-
do la visita de los ángeles. He construido mi propio templo
de invocación y siempre he contado con la presencia angélica para resolver los problemas que consideraba trascendentes. A partir de esas experiencias en que los ángeles se
manifestaban a través de una voz interior o de la escritura
automática, llegué a la conclusión de que la representación
que se hace habitualmente de ellos como seres alados, correspondía a una convención cultural. ¿Era lógico pensar,
por otra parte, que los ángeles tuvieran un cuerpo? Hace poco tiempo, sin embargo, recibí una visita angélica en sueños, cosa que nunca me había sucedido anteriormente. En
el sueño, el ángel aparecía tal como lo vemos habitualmente en los dibujos y grabados. Tenía una larga túnica blanca y alas. Sus cabellos eran ensortijados y rubios, y las facciones de su rostro inusualmente suaves y bellas. No sé por
qué sólo en los sueños se manifiestan de esta manera, pero
lo cierto es que lo hacen.*

El testimonio de Mariana es coincidente con
muchos otros: en los sueños los ángeles adquieren, con

frecuencia, la apariencia que tienen en las representaciones gráficas que se hace de ellos desde el comienzo de la historia. ¿Son los ángeles seres alados, rubios y bellos? La respuesta a esta pregunta es que sí lo son en sueños, y la razón de que esto sea así es que los sueños no sólo tienen su propia gramática, es decir, su propia manera de combinar hechos, lugares y circunstancias, sino también su propio "depósito de materiales oníricos". Este "depósito" está integrado, según Carl Jung por un conjunto de "arquetipos" o "figuras primordiales" que forman parte del "inconsciente colectivo" y, a través de las cuales, los soñantes expresan el contenido simbólico de sus sueños. Por eso es posible decir que una determinada figura en un sueño significa tal o cual cosa, porque esa figura tiene un significado común. Si existen diccionarios de sueños es, precisamente, porque para soñar, utilizamos símbolos que pertenecen al acervo psicológico colectivo de la humanidad.

Por otra parte, un sueño es una escenificación. No existe hecho onírico sin imágenes (siempre se "ve" algo en los sueños) aunque, en muchos casos, el significado del sueño suele ser más vasto o decididamente opuesto al significado de las imágenes. Los ángeles, por lo tanto, necesitan manifestarse en ellos a través de una imagen que permita que sean reconocidos. Para expresar o representar a los ángeles, existe una figura arquetípica: los seres alados de larga túnica y bello rostro que vemos en tantas ilustraciones. Lo que debe quedar en claro es que ésta es una de las tantas manifestaciones de los ángeles, pero no es la única posible. Confundir a los ángeles con su simbolización arquetípica, constituiría un grave error.

Apéndice

1

PREGUNTAS Y RESPUESTAS ACERCA DE LOS ANGELES

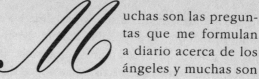uchas son las pregun-
tas que me formulan
a diario acerca de los
ángeles y muchas son
también las cartas que recibo consultándome sobre el
tema.

En este libro ha sido mi objetivo fundamental
enseñar a ustedes los pasos de la magia angélica a fin de
que puedan utilizar la energía de los ángeles en beneficio
propio. Temo, sin embargo, que en estos escritos haya
una gran carencia, que todas las incógnitas que suscitan
los seres de la Luz no hayan sido respondidas con el detalle que merecen. Por eso, en este apartado, quiero de-
dicarme a responder las preguntas más frecuentes que me
formulan acerca de los ángeles. En estas páginas, seguramente, usted hallará la respuesta para ese interrogante
que se plantea desde hace tiempo y que aún no ha podido responder.

• ¿Todas las personas pueden comunicarse con los ángeles?

La respuesta a esta pregunta es SI, pero siempre y cuando se den ciertas condiciones. Esas condiciones
son, sobre todo, condiciones de tipo espiritual, entre las
cuales la fe es, sin duda, una de las más importantes.

Usted podrá comunicarse con los ángeles si tiene plena confianza en que los seres angélicos acudirán a la
cita. Y esta fe requiere a veces una cierta preparación espiritual. Existe un momento en la vida en que uno tiene la
maduración adecuada para establecer la comunicación con
los seres de la Luz.

• ¿Por qué los ángeles se comunican fácilmente con los niños?

Aunque los pequeños no hayan alcanzado,
debido a la escasa experiencia que les permite su edad,

un elevado desarrollo de su espiritualidad, los ángeles se comunican con ellos porque tienen, precisamente, lo que más nos falta a los adultos: inocencia. Por lo tanto, no son conscientes de la existencia de los diferentes planos de la realidad y aceptan la convivencia entre el plano etérico y el plano real como un hecho natural. Esta es la razón por la cual para los niños los milagros no existen, sencillamente porque viven instalados en el milagro mismo.

• ¿Los seres humanos podemos convertirnos en ángeles?

Los ángeles, como hemos dicho, viven en el plano etérico, por lo cual no resulta coherente pensar que se "encarnan". En cambio, sí es dable pensar que, en algunos casos, los ángeles se "manifiestan a través de" ciertas personas.

He recogido al respecto numerosos testimonios. En la India una mujer me ha referido que estaba convencida de que su ángel guardián era su abuela, fallecida hacía muchos años y a la que había amado intensamente por lo mucho que la había cuidado y ayudado en su vida.

Mi respuesta frente a este hecho es que su ángel guardián eligió identificarse con la abuela para poder ser reconocido con mayor facilidad o que, simplemente, no se trataba de su ángel guardián, sino de su espíritu guía. El intenso amor que había profesado por su nieta durante su estadía en la Tierra la impulsaba a volver para guiar sus pasos.

• ¿Cuál es la diferencia entre un espíritu guía y un ángel guardián?

La diferencia entre uno y otro es absoluta y tan profunda como la que existe entre un hombre y un ángel. Los espíritus guías han vivido sobre la Tierra en algún momento de su existencia y han ejercido una influencia precisa sobre nuestras vidas, han asumido el compromiso de guiar nuestros pasos. Los ángeles guardianes, en cambio, no han sido ni serán jamás hombres, sino intermediarios entre los hombres y Dios.

• ¿Los animales tienen también su ángel protector?

Todas las criaturas creadas por Dios tienen un ángel que les ha sido asignado por El. Los ángeles de las mascotas domésticas son los encargados de inspirarnos el intenso amor que solemos sentir por ellas.

• ¿Los animales tienen conciencia de tener un ángel?

El hombre es la única criatura de la naturaleza con conciencia de sí. Por lo tanto, es el único ser capaz de diferenciar entre ella misma y el resto de los objetos y seres del mundo. Los ángeles forman parte de esos seres que les resulta imposible objetivar.

La diferenciación que hacen los animales entre ellos mismos y el entorno que los circunda es meramente instintiva. Por eso, un conejo protege a su cría siempre y cuando reconozca su olor, pero la mata si, tocada por la mano del hombre, adopta un aroma que no es el propio. Por eso también ciertos animales agreden a otras especies animales pero no se agreden a sí mismos.

Los animales actúan sus impulsos, no los piensan ni los manejan. De allí que resulte difícil creer que un perro sea capaz de mantener un diálogo con su propio ángel y de reconocerlo como un ser distinto de sí.

• ¿Nuestro ángel guardián puede "ver" todo lo que hacemos?

Sí, pero esto no debe ser motivo para sentirnos observados y juzgados. Nuestro ángel está a nuestro lado incondicionalmente y lo seguirá estando sea lo que sea lo que hagamos. A diferencia de los hombres, los ángeles nos aman (o, mejor dicho, son amor) pero no nos juzgan.

• ¿Los ángeles pueden darnos mensajes que nos desagraden?

Sí, pero esto no significará que nos estén juzgando. El mandato angélico es el de ayudarnos a encontrar la verdad. Por eso, aun los mensajes que pueden resultarnos "duros" son mensajes de amor. Si, ante un mensaje determinado, nos sentimos mal, culpables o molestos, este mensaje no proviene de los ángeles sino, quizás, de nuestra propia conciencia que nos señala que hemos procedido mal.

• ¿Qué diferencia existe entre los ángeles y nuestra conciencia o "superyó"?

Nuestra conciencia o superyó es el conjunto de todo lo que hemos sido, somos y seremos y está dentro de nosotros. Los ángeles no sólo están fuera de nosotros sino que, además, habitan otro plano de lo real.

• ¿Pueden los ángeles ayudarnos en cosas prácticas, tales como la adivinación de los números que van a salir premiados en la lotería?

El propósito de la presencia angélica es, fundamentalmente, proporcionarnos amor, apoyo y enseñanzas, pero los ángeles también pueden responder preguntas concretas de este tipo. Lo que sucede es que rara vez sus respuestas serán literales. Siempre habrá que hacer de ellas una interpretación y nuestro éxito en aquello que pedimos dependerá del acierto o desacierto de nuestra interpretación.

• ¿Es burdo hacerle pedidos materiales a un ángel?

Es burdo en la medida en que la materia misma lo es. Y los seres humanos, a diferencia de los ángeles, no somos sólo espíritu sino también materia. Como seres materiales, por lo tanto, no podemos dejar de ser "burdos" aun en la comunicación angélica. Pero no debemos renegar de esta cualidad que constituye un rasgo diferenciador de los humanos porque, aunque tenemos la posibilidad de elevarnos sobre la materia desarrollando nuestro espíritu, no podemos dejar de ser materia y Dios nos ha concebido también como materia, tal como, según el pensamiento cristiano, concibió a su propio hijo.

• Ante determinadas preguntas, ¿los ángeles pueden mentirnos?

Jamás. Los ángeles nunca mienten, porque nos traen el mensaje de Dios, el cual es por definición, un mensaje verdadero. Sólo los hombres mentimos y engañamos.

• ¿Por qué el mensaje de los ángeles puede resultar entonces críptico, oscuro?

Porque los ángeles habitan otro plano de la realidad y, tanto su lenguaje como los mensajes que construyen a partir de él, no participan de las características humanas. El lenguaje de los ángeles es esencialmente metafórico, por lo tanto, sus mensajes también los son.

Por otra parte, el español o cualquier otra lengua humana no es la lengua primera de los ángeles. Ellos hablan entre sí con lenguaje angélico y lo "traducen" para que éste adquiera el vocabulario y la gramática del español o de la lengua que utiliza quien los invoca.

A diferencia de lo que ocurre con el lenguaje humano que es lineal (los signos lingüísticos están puestos unos después de los otros tanto en la escritura como en la expresión oral), el lenguaje angélico es simultáneo. Al igual que en la música varias notas superpuestas forman un acorde, en el lenguaje angélico todo se expresa a la vez y lo que nosotros percibimos es una suerte de "transcripción".

• Si, durante un ritual de magia angélica, invocamos a más de un ángel, ¿cuál de ellos es el encargado de responder a nuestras preguntas o de satisfacer nuestros pedidos?

Así como el lenguaje angélico desconoce la linealidad del lenguaje humano, también desconoce el concepto de "propiedad de la voz". La voz angélica es, a la vez, múltiple y unitaria, concepto muy difícil de entender para un ser humano.

Si, por ejemplo, hemos invocado a la vez al ángel Hariel y al ángel Aniel, nos contestará a coro la voz angélica que es una voz universal, porque es la voz de manifestación de Dios. Pero, paradójicamente, la voz de Dios se expresará indistintamente a través de la voz de Hariel o de Aniel y nos será muy difícil determinar cuál es cuál si, por alguna razón particular, ellos no deciden revelar su identidad en el mensaje.

Durante mucho tiempo yo he recibido mensajes de mi ángel guardián y estaba absolutamente seguro de que se trataba de él porque en dichos mensajes aparecía su nombre. No obstante, en otros períodos he recibido mensajes que no sabía si atribuir a mi ángel guardián o al segundo de los ángeles invocados. Con el tiempo percibí la razón de esta diferencia: los mensajes que venían con la "firma" de mi ángel guardián correspondían a un período muy tumultuoso en mi vida en que atravesaba una crisis de fe y solía preguntarle, con insistencia, a Dios: *¿Padre, por qué te quedas callado ante el dolor del mundo?* El nombre del ángel incluido en el mensaje era una señal de Dios. A través del nombre de mi ángel guardián, El me decía: *Yo estoy en el mundo aunque a veces no puedas percibirlo. La prueba irrefutable de mi presencia es que he designado a un ángel para que esté a tu lado y él te socorre siempre en los momentos de aflicción y te guía por el camino recto.*

Los mensajes que venían sin la "firma" de mi ángel;

por el contrario, pertenecían a un período en que mi fe era tan absoluta y sin fisuras que no necesitaba reconocer al mensajero para saber que se trataba de un heraldo de Dios.

• ¿Por qué en ciertas oportunidades el mensaje de los ángeles resulta demasiado breve?

El concepto de "extensión", que nos lleva a contraponer "breve" a "largo", es típicamente humano. Los ángeles no se manejan con esos parámetros, por lo tanto, no "miden" ni manejan la extensión de los mensajes. Somos los humanos quienes los percibimos como demasiado breves o demasiado extensos y, por lo general, este tipo de evaluación subjetiva está determinada por la magnitud de las expectativas. Cuando estamos demasiado ansiosos por recibir un mensaje angélico, éste puede resultar "corto", pero, en rigor, la extensión de los mensajes angélicos no se puede medir.

• ¿Es cierto que los ángeles suelen escribir y hablar en verso?

Sí, es cierto. No en vano los antiguos sostenían que la poesía era la forma de manifestación preferida de Dios. Esto no significa que los ángeles elijan una forma de manifestación típicamente humana. Por el contrario, somos los hombres quienes hemos elegido una forma de manifestación típicamente angélica: la poesía.

• ¿Los ángeles experimentan sentimientos y emociones como los seres humanos?

No. Ellos "sienten" de una manera diferente. Dado que no son un cuerpo, no pueden expresar las emociones a través de él. Nuestras emociones, por el contrario, se expresan sobre todo corporalmente. Si tenemos miedo, lo reconocemos porque nos tiemblan las piernas; si estamos enamorados y vamos a encontrarnos con la persona amada, el encuentro nos provoca temblor, aceleramiento del ritmo cardíaco, sequedad en la boca; si sentimos un dolor espiritual intenso, experimentamos una opresión en el pecho, una sensación de ahogo.

Ninguna de estas cosas les ocurren a los ángeles, sin embargo, no son ajenos a los sentimientos y emociones. La Biblia ha representado tanto ángeles complacientes como ángeles coléricos y castigadores. Pero, ¿cómo puede "sentir" ira un ángel si carece, precisamente, de un cuerpo sensible? Los ángeles no "sienten" las emociones, sino que ellos son las emociones mismas. No "sienten" los sentimientos, sino que son los sentimientos mismos. Para sentir es necesario que un estímulo exterior penetre a la vez en nuestro espíritu y nuestro cuerpo y los ángeles carecen de este último. Por lo tanto, un ángel no se pone colérico o alegre, sino que es la cólera o la alegría. Por eso se dice de los ángeles que son el espíritu, la paz, la alegría, la esperanza... tal como se dice de Dios.

• ¿Por qué si los ángeles carecen de un cuerpo sensible capaz de experimentar sentimientos y emociones, son sensibles -valga la redundancia- a la música, a los aromas y reciben de buen grado nuestras ofrendas materiales?

Por la misma razón que Dios ve y escucha todo lo que hacemos sin poseer un cuerpo material. Existe una "mirada" divina y una "audición" divina que nada tienen que ver con la mirada y la audición de los hombres. Dios nos ve y nos oye, aunque carezca de ojos y oídos de morfología humana.

• ¿Si todos tenemos un ángel guardián de acuerdo con nuestra fecha de nacimiento, todas las personas nacidas en nuestra misma fecha comparten un mismo ángel protector?

Sí. Varias personas comparten un mismo

ángel protector.

• ¿Puede un solo ángel ocuparse de varias personas al mismo tiempo?

Recordemos que, por ser los mensajeros de Dios, los ángeles participan de la esencia divina. El don de la ubicuidad forma parte indisoluble de esa esencia. Es decir, Dios puede estar al mismo tiempo en todas partes porque es a la vez un ser único e infinito. Con los ángeles sucede lo mismo. Por eso, a diferencia de los humanos que nos "repartimos" entre diferentes tareas, los ángeles se vuelcan por entero y simultáneamente a todas ellas. Al igual que en su lenguaje, el concepto de linealidad no existe en sus manifestaciones y sus acciones, por eso, no se ocupan primero de una y después de otra persona que Dios les ha encomendado proteger, sino que se ocupan de todas al mismo tiempo.

• Cuando una persona muere, ¿qué sucede con su ángel guardián? ¿Acaso lo "hereda" otra persona?

El concepto de muerte es un concepto totalmente humano. Sólo muere la materia, no el espíritu y los ángeles son seres espirituales. Por lo tanto, nuestra muerte física no es un acontecimiento relevante en el plano etérico en que viven los ángeles. La muerte sólo existe para nosotros, ya que los ángeles participan de la eternidad divina.

• Si tenemos un determinado ángel protector según nuestra fecha de nacimiento, ¿carecemos de ángel guardián antes de nacer?

De ninguna manera. En el Gran Libro de Dios está escrita la eternidad y cada uno de nosotros es aun sin haber nacido. Como seres humanos, tenemos conciencia de nosotros mismos a partir de nuestra llegada al mundo, pero hemos existido siempre en los planes de Dios.

Contrariamente a lo que sostienen las teorías evolucionistas, el universo fue hecho por Dios de una vez y para siempre, sin antes ni después. Por lo tanto, hemos tenido a nuestro ángel guardián desde siempre, porque desde siempre formamos parte del plan divino.

• ¿Qué cualidades humanas permiten la recepción de los mensajes angélicos?

A pesar de que, a diferencia de los ángeles, los hombres tenemos un cuerpo sensible, también tenemos la capacidad intrínseca de acceder a cierta forma de conocimiento que nada tiene que ver con el mundo material. Estas formas de conocimiento que son del todo independientes de los estímulos materiales son fundamentalmente tres: la clariaudiencia, la clarividencia y la clarisapiencia.

La clariaudiencia es la posibilidad de escuchar voces y sonidos que no resuenan en el aire y que, por lo tanto, no son percibidos por otras personas, aunque se encuentren a nuestro lado. Esta es una de las formas típicas de recepción de los mensajes angélicos. No sólo "escuchamos" palabras y mensajes, sino que, además, los mensajes nos son dados a través de sonidos que sólo nosotros podemos escuchar porque no se producen por la vibración del aire que nos circunda, sino que resuenan sólo en nuestro interior porque tienen procedencia angélica. El sonido de una campana de gloria, por ejemplo, puede significar que una tarea que emprendimos o vamos a emprender culminará con todo éxito; una canción de la infancia puede constituir un "mimo" maternal de nuestro ángel guardián en un momento difícil de la vida en el cual, a pesar de ser adultos, nos sentimos como niños huérfanos.

La clarividencia es la posibilidad de ver imágenes que en realidad no impactan sobre nuestra retina, sino que parecen provenir de nuestro interior mismo. Esta es otra de las formas típicas de la emisión de mensajes angélicos. Si les hemos preguntado a los ángeles acerca de nuestro futuro, por ejemplo, es posible que "veamos" una escena que aluda a él. También es probable que "veamos" un objeto cuyo significado debamos descifrar: un barco que navega sobre un mar en calma puede significar que realizaremos un viaje placentero o que navegaremos sin sobresaltos sobre las aguas de la vida.

La clarisapiencia es la posibilidad de saber algo "de pronto", sin mediación de la información de otra persona ni del aprendizaje.

Esta es la tercera forma de recepción de mensajes angélicos. Si le hemos formulado al ángel alguna pregunta referida al desarrollo de nuestra relación amorosa, de pronto "sabremos" qué sucederá con ella sin haber escuchado la voz del ángel y sin "ver" ninguna escena que transmita felicidad o infelicidad respecto de dicha relación.

• La actitud de cada individuo respecto de los mensajes angélicos, ¿condiciona la recepción de los mismos?

Por supuesto. Como sucede en todos los órdenes, la predisposición es fundamental. Una actitud abierta y positiva, no sólo hacia los mensajes angélicos, sino hacia la vida misma, crea un "canal" de recepción y, en consecuencia, hace posible la fluida relación con los ángeles.

• ¿Los ángeles pueden pasar por nuestra vida sin que seamos capaces de reconocerlos?

¡SI! No existe ser humano que no haya sido visitado, alguna vez, por un ángel. Sin embargo, no todas las personas están dispuestas a admitir que han recibido una visita angélica. Los ángeles se sienten felices (o, mejor dicho, son la felicidad) cuando los reconocemos, pero no necesitan de nuestro reconocimiento para cumplir su función en la Tierra.

• ¿Por qué, si los ángeles no necesitan del reconocimiento humano, el agradecimiento es un paso obligatorio de la magia angélica?

El agradecimiento tiene en la magia angélica una doble función. Por un lado es una compensación explícita, un reconocimiento por todas las cosas que los ángeles hacen por los hombres sin que éstos lleguen a percibirlo. Por otro, es una forma de predisposición positiva de nosotros mismos. Agradecer es "reconocer" las virtudes o acciones de otro, "abrirse" a la bondad de la identidad ajena. Y la apertura es una actitud fundamental en la comunicación angélica.

• ¿Por qué los ángeles están "de moda"? ¿Acaso se trata de un capricho del movimiento New Age?

Los ángeles no están de moda, porque este concepto escapa por completo a las categorías conceptuales angélicas. La Biblia es uno de los libros sagrados en que aparecen los ángeles y ésta jamás ha estado sujeta a modas.

Si, por alguna razón, los ángeles eligen esta época más que ninguna otra para manifestarse, es porque el rumbo de la humanidad es cada vez más incierto y porque el materialismo se ha apropiado del universo.

Los ángeles traen siempre un mensaje de espiritualidad, de amor y de comprensión, por lo tanto no es raro que hagan su irrupción en un momento en que estos valores parecen olvidados por la mayoría y se practica el individualismo a ultranza. Los seres angélicos predican la generosidad y la entrega y por eso se presentan ante nosotros con frecuencia. ¿Acaso el hombre del siglo XX, siempre en busca del placer y la satisfacción inmediata de sus apetencias materiales, no es el más egoísta de la historia de la humanidad?

• ¿Por qué a mucha gente que cree en Dios le cuesta confiar en los ángeles?

Porque algunas personas no están dispuestas a aceptar que, para hablar con Dios, necesitan mediadores y porque les cuesta asimilar la idea de que existan seres cuya existencia se desarrolla en un plano diferente del material, pero que, sin embargo, puedan tener contacto con el plano material.

Existen ciertas personas, además, que tienen miedo de confesar la fe y la inocencia que se necesitan para comunicarse con los ángeles. Temen aparecer ante los demás como seres ingenuos y vulnerables.

• ¿Es posible comunicarse con los ángeles independientemente de la religión que se practique?

Por supuesto, la comunicación con los ángeles es independiente del credo religioso. Los ángeles son mensajeros de Dios y Dios es uno solo aunque las religiones sean muchas. La fe en Dios no está reñida con la fe en los ángeles, sino todo lo contrario.

• ¿Las oraciones de invocación deben tener una forma "canónica" determinada, tal como sucede con las oraciones religiosas o cada cual puede crear su propia oración de invocación?

En la magia angélica los ritos están menos definidos que en las religiones. De todos modos, existen oraciones canónicas y éstas son, precisamente, las que he recogido en este libro. Las he encontrado en los antiguos grimorios, las he traducido y las he respetado por entender que la forma de la oración no era fortuita, sino que tenía su razón de ser.

Esto no implica que cada persona no pueda elaborar sus propias oraciones de invocación. El **Padrenuestro** es una oración predeterminada para acercarse a

Dios, pero Dios escucha el contenido de nuestros ruegos aunque les demos otra forma.

• ¿Pueden ayudarnos los ángeles a encontrar la felicidad?

Sin duda. Aunque es mi obligación decirles a mis lectores que la felicidad no se encuentra de una vez y para siempre, sino que es una perpetua búsqueda. Los ángeles, sin embargo, pueden marcarnos el camino, orientarnos en la espesa selva del desencanto, la confusión y el caos en que a veces parece convertirse en mundo.

La felicidad no es un estado permanente; es acaso la suma de breves instantes felices, de efímeros destellos. Pero no cabe duda alguna de que, si nuestra experiencia de vida registra uno o varios de esos maravillosos instantes, es porque en cada uno de ellos hemos estado cerca de un ángel.

Apéndice

....

2

BREVE
DICCIONARIO
ANGELICO

Abaddón: Angel exterminador de ʌ
y jefe de los demonios de la jerarquía séptima.

Afirmación: Parte de un ritual mágico que
consiste en proclamar positivamente la fe en la entidad
que va a invocarse y en su capacidad para satisfacer el
pedido que se le encomienda.

Agradecimiento: Parte necesaria del ritual
angélico que consiste en agradecer al ángel los dones
recibidos.

Alquimia: Arte hermético de la transmutación
de los metales más bajos en oro y de la obtención de la
piedra filosofal y el elixir para alargar la vida. El **Libro de
Enoch** atribuye el nacimiento de la alquimia, la magia, la
astrología y el poder de las hierbas a los ángeles caídos
que revelaron al hombre los secretos para dominar la naturaleza.

Angeles: La palabra "ángeles" proviene del
griego *aggelos* y significa literalmente "mensajeros". Por lo
tanto, los ángeles son los mensajeros de Dios. Se llama
con este nombre a varias huestes de seres sobrehumanos
que se mencionan en las religiones monoteístas como el
cristianismo, el judaísmo, el mahometismo y el zoroastris-
mo. Los ángeles son espíritus puros creados por Dios para servirlo y adorarlo. En el hinduismo reciben el nombre
de "vedas". Según la tradición cristiana, existen ángeles
buenos y malos. A estos últimos, se los llama ángeles caídos y sus filas están integradas por los seres angélicos
que se rebelaron contra Dios obedeciendo a Lucifer.

Los ángeles se agrupan en jerarquías, de las
cuales la más baja es la de los ángeles propiamente dichos.

En la actualidad el culto a los ángeles ha adqui-
rido una extraordinaria importancia. Y la explicación de este fenómeno es sencilla. Dado que vivimos en una época

nos encontramos "huérfanos de
...enen a llenar el vacío de espirituali-
...os sometidos. Hoy, liberados de su ori-
...que los dividía en buenos y malos, los ánge-
...iderados seres de luz pues, su propósito es ha-
...en y son invocados con ese objetivo. Esa es, pre-
...mente, la función de la magia angélica en nuestros días:
invocar la presencia de los ángeles bienhechores.

Cada nación y cada persona están protegidas
por un ángel titular.

Esotéricamente se considera que los Espíritus
Planetarios o Regentes de cada planeta de nuestro sistema
solar tienen embajadores asignados en la Tierra, de acuerdo con la siguiente lista.

Embajador del Sol: Miguel.
Embajador de la Luna: Gabriel.
Embajador de Marte: Samael.
Embajador de Júpiter: Zcharied.
Embajador de Saturno: Cassiel.
Embajador de Urano: Ithuriel.

Angeles caídos: Hueste de espíritus que, obedeciendo a Lucifer, se rebelaron contra Dios.

Angeles guardianes: Estos ángeles protectores reciben también el nombre de ángeles guardianes,
ángeles titulares, ángeles de la guarda o ángeles custodios. Son seres encargados de conducirnos por el camino del bien. Personifican nuestras buenas obras en vidas pasadas.

Angelología: Disciplina que se ocupa de los
ángeles. Parte de una religión que alude al origen y la
evolución de los seres angélicos.

Arcángeles: Angeles de orden superior encargados de anunciar los misterios. Son los espíritus raciales

de los pueblos. Las Escrituras judías y cristianas consideran arcángeles a Gabriel, Miguel y Rafael.

Cassiel : Arcángel que simboliza la justicia y el supremo orden de Dios. Es el embajador planetario de Saturno en la Tierra.

Círculo mágico: Círculo que trazan los magos o hechiceros sobre el suelo o simbólicamente en el aire para invocar a entidades superiores. En la magia angélica el círculo mágico debe estar protegido por un palio, pasando así a formar parte del templo angélico de invocación.

El círculo es considerado una forma perfecta que representa la eternidad y la perpetuidad de Dios, de allí que resulte propicio para invocar a los seres superiores.

Conjuro: Parte de una ceremonia mágica consistente en pronunciar palabras o invocaciones para lograr un determinado fin, como expulsar entidades malignas o invocar entidades bienhechoras.

Espejos: Elemento que con frecuencia aparece en las leyendas, dotado de carácter mágico. Es frecuentemente utilizado en la magia angélica porque facilita la manifestación de las entidades etéricas.

Gabriel: Una de las principales figuras de la angeología cristiana, judía y musulmana.

Fue Gabriel el encargado de anunciarle a la Virgen María su preñez. Las Sagradas Escrituras lo registran, precisamente, como el ángel de la anunciación. Fue también el trompetero del Juicio Final, y la Biblia menciona que apareció ante Daniel y Zacarías.

Por su parte, los mahometanos sostienen que fue Gabriel quien le dictó el Corán a Mahoma.

Esotéricamente se lo considera el heraldo o

anunciador del nacimiento. Como Gran Angel planetario es embajador de la Luna en la Tierra.

Grimorio (del francés, *grimoire*): Libro mágico que reúne una serie de conjuros indicados para provocar la aparición de entidades superiores como los ángeles. Los principales grimorios que se utilizan en la práctica de la magia son los siguientes:

• **La llave del rey Salomón**, un texto de magia ceremonial que se complementa con el Lemegeton. Aunque atribuido a Salomón, resulta altamente improbable que haya sido el mismo rey quien lo escribió. Posiblemente su escritura pertenezca a un rabino del mismo nombre.

• **Abra Merlín**. El manuscrito data de principios de siglo XVIII.

• **Heptameron**. Atribuido a Piero D'Abano. Este libro está dividido en dos partes, la primera de las cuales está dedicada a la invocación de los espíritus del aire (demonios). La segunda parte es un completo tratado de magia blanca.

• **Grimorio de Honorio**. Pertenece al siglo XIII y se atribuye su autoría al papa Honorio. Fue publicado en 1629 y se basa en gran parte en los grimorios atribuidos a Salomón.

Incienso: Resina de goma originaria de Arabia que al quemarse despide una fragancia particular. Para los antiguos, quemar incienso significaba reverenciar a Dios, por lo que también suele utilizarse con sus mensajeros, es decir, con los ángeles.

Invocación: Llamado de auxilio a un ser superior, en este caso, a los ángeles. Se invoca a Dios (o a los mensajeros de éste) y a los santos. En los rituales de magia el invocante puede imponer su voluntad a entidades no humanas y controlarlas obteniendo de ellas bienes y favores.

Ithuriel: Arcángel que simboliza la solidaridad y el altruismo. Es el embajador planetario de Urano en la Tierra.

Lenguaje automático: Lenguaje que no está mediatizado por la voluntad del sujeto hablante. A través del lenguaje automático se puede recibir un mensaje angélico.

Lucifer: Nombre indistintamente asignado al más bello de los ángeles que se rebeló contra Dios como a las huestes de los denominados ángeles caídos. Según los Rosacruces, en el período lunar Lucifer era un ser con incapacidad para tomar un cuerpo denso que lo asemejara a los humanos, pero que tampoco se asimilaba a los ángeles. Por lo tanto, no tenía forma del acceder al conocimiento y la forma de hacerlo era utilizar el cerebro físico del hombre para hacerse comprender.

Luz: Fenómeno natural metafóricamente identificado con la materia angélica. Se dice que los ángeles son seres de luz porque ésta es símbolo de la sabiduría, la fuerza creadora, la energía cósmica, la irradiación solar y la fuerza espiritual.

Magia angélica: Conjunto de rituales para invocar a los ángeles que forman parte de la magia blanca, ya que su objetivo último es producir el bien. Se trata de una magia operativa basada en la invocación de las entidades angélicas, las cuales se encuentran en un nivel de energía diferente del humano.

Mago: Hechicero, nigromante. Según la tradición, el primero de los magos persas fue Zoroastro, quien reorganizó la casta sacerdotal inculcando en ella sabiduría esotérica.

Merlín: Mago y sabio consejero del rey Arturo. Está relacionado con la leyenda de los Caballeros de la Tabla Redonda.

Miguel: Arcángel embajador de Sol en la Tierra y Jefe de las Milicias Celestiales. Se lo llama "la espada luminosa". Fue defensor de la nación judía y luego del cristianismo. Es símbolo de la autoridad, el poder y la dignidad de Dios.

En la Cábala se lo menciona con diferentes nombres como Miguel-Jehová y Gloria del Señor. Su festividad es el 29 de septiembre.

Mirra: Resina de goma originaria de Arabia a partir de la cual se obtiene el incienso y muchos perfumes. Es una de las ofrendas que los Reyes Magos dieron al niño Jesús y una de las que los ángeles reciben con mayor agrado.

Ofrenda: Suerte de regalo hecho a una entidad superior para lograr su complacencia y obtener sus favores. Los ángeles son particularmente sensibles a las ofrendas aromáticas, por lo cual el incienso, la mirra y la lavanda constituyen excelentes modos de atraerlos. También se llaman sacrificios, aunque este término se identifica, por lo general, con aquellas ofrendas de una vida animal o humana.

Palabras mágicas: Palabras que están imbuidas de poder. En los rituales angélicos se utilizan, por lo general, palabras provenientes del lenguaje angélico que consignan los grimorios.

Palabras sagradas: Palabras de invocación o bendición tales como el **OM** del hinduismo, el **AMEN** del cristianismo o el **JHVH** que conforman el *tetragrammaton* hebreo y compone el nombre de Dios.

Plano etérico: Una de las subdivisiones de nuestro mundo físico, precisamente aquella donde habitan los ángeles. Estas subdivisiones se relacionan con cuatro estados de la materia denominados: a) subplano atómico; b) sub-atómico; c)súper-etéreo; d) etéreo. Colectivamente se llaman plano etérico.

A diferencia de los ángeles, los cuerpos carnales habitamos en el plano físico.

Perfumes: Sustancias aromáticas que se extraen, en su mayoría, de las plantas y más raramente de los animales. También se obtienen por procedimiento químico. Los diferentes perfumes están relacionados con distintos dioses y diosas y con las entidades en general que no pertenecen al mundo físico, como los ángeles. Según el ocultismo, los perfumes cumplen funciones específicas, a saber:

- Menta y brezo: Proporcionan coraje.
- Rosa, verbena, tomillo, clavo y anís: Despiertan la libido.
- Alcanfor y lirio: Incrementan el poder de la imaginación, por lo cual, debe ser utilizados por artistas y creadores.
- Incienso y mirra: Favorecen el éxtasis religioso, atraen a los seres espirituales.
- Espliego: Provoca serenidad.
- Eucalipto: Genera optimismo.
- Acacia y enebrina: Confieren agilidad mental.

Todos estos perfumes pueden ser eficazmente utilizados en la magia angélica como ofrenda a los ángeles y como favorecedores de determinados pedidos.

Potencias: Seres angélicos que se representan como tres rayos de luz sobre la cabeza de Jesucristo y dos sobre la cabeza de Moisés.

Querubines: Angeles pertenecientes al segundo coro de la suprema jerarquía angélica. El Génesis indica que los querubines guardan al Edén perdido y el Antiguo Testamento afirma que son los guardianes de la Gloria Divina. Cada querubín es una figura compuesta de cuatro aspectos: hombre, águila, león y toro.

Rafael: Arcángel embajador planetario de Mercurio en la Tierra. Es el jefe de los ángeles custodios o sanadores. Curó a Tobías y liberó a Sara.

Habitualmente se lo representa con un traje de peregrino, una vara en la mano, una diadema en la cabeza y una bolsa y una espada colgando de su cinturón. Su festividad es el 24 de octubre.

Rito/Ritual: Conjunto de reglas utilizado para llevar a cabo prácticas mágicas o religiosas. Las reglas son constitutivas de la ceremonia, lo que equivale a decir que la ceremonia tiene lugar a través del cumplimiento de las reglas.

Romero: Planta aromática que simboliza la fidelidad y que, por lo tanto, constituye la ofrenda ideal cuando se le pide al ángel la fidelidad de la pareja. Se lo emplea desde la antigüedad en las ceremonias religiosas y por su bajo costo, llegó a ser utilizado en lugar del incienso.

Samael: Arcángel embajador del planetario de Marte en la Tierra. Simboliza la energía dinámica de Dios, el impulso constructivo y el deseo de vivir.

Serafines: Para la angelología hebrea, son los guardianes alados que rodean el trono de Dios y conforman el segundo coro. Para los Rosacruces son seres celestiales que actuaron en la quinta revolución del período lunar.

Talismán: Objeto mágico que se consagra como tal por medio de una ceremonia ritual a través de la cual se carga de energía positiva que puede esparcir una vez que el ritual ha terminado. En el caso de la magia angélica, los talismanes son objetos cargados de energía angélica capaces de retenerla y esparcirla luego prolongando la acción bienhechora de los ángeles.

Se trata de objetos que poseen la virtud de comunicar suerte o poder sobrenatural a quien los porta. Pueden confeccionarse de forma y materiales diversos.

Tronos: Seres angelicales que conforman uno de los nueve coros angélicos cristianos. En el Período de Saturno, los Tronos despertaron en la humanidad el germen del espíritu divino.

Virtudes: Espíritus bienaventurados que conforman el quinto coro. Su fuerza viril los hace particularmente aptos para cumplir con los mandatos divinos.

Visualización: Forma de preparación para recibir a una entidad angélica que consiste en la vivencia imaginaria de una escena o una situación deseada como una manera de facilitar su presencia.

Zacharied: Arcángel que simboliza el altruismo y la generosidad. Es el embajador planetario de Júpiter en la Tierra.

Consulte en las páginas precedentes los nombres propios y términos que aparecen reiteradamente en el libro.

Apéndice

....

3

MEDITACIÓN CON FIGURAS ANGÉLICAS

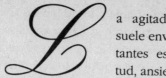a agitada vida cotidiana suele envolvernos en constantes estados de inquietud, ansiedad, desasosiego. Preocupaciones, dificultades, temores, falta de tiempo para cumplir con las impostergables obligaciones...todo estos factores parecen jugar en nuestra contra, induciéndonos a movernos a un ritmo frenético que no es precisamente el que desearíamos llevar.

Mis investigaciones, mi propia experiencia y los testimonios de otras personas que se han comunicado con ángeles, demuestran que los seres de la Luz pueden ayudarnos -y mucho- a disipar preocupaciones y hacer que la calma se instale definitivamente en nuestro espíritu. Para lograrlo, uno de los métodos más efectivos es la meditación con figuras angélicas. Si desea implementar esta técnica, hágalo en un momento del día en el cual se encuentre completamente solo en su hogar. Respete la secuencia de pasos que detallamos a continuación y repítala por lo menos tres veces a la semana hasta lograr alcanzar su propósito.

• Prepare el ambiente según las indicaciones del apartado Nº8 -**Oraciones de protección para los niños**, página 137-; seleccione una música suave, deje la habitación en penumbras, iluminándola con velas blancas y perfumándola preferentemente con flores frescas.

• Vestido con ropa cómoda o descalzo -si siente frío, puede usar un par de medias cortas- introdúzcase en el templo de invocación (Ver apartado Nº 5). Siéntese en una silla, con los pies apoyados sobre el piso, paralelos y separados entre sí aproximadamente 20 cm. Apoye las manos sobre las rodillas, con las palmas hacia arriba, conservando la espalda erguida, sin esforzarse. También puede sentarse en el piso con las piernas cruzadas o con los glúteos sobre los talones. En cualquier caso, no olvide apoyar las manos sobre las rodillas, con las palmas hacia el cielo.

• Ubique frente a usted, en un sitio en el cual le quede cómodo a su vista, la figura angélica seleccionada. Puede emplear alguna de las que presentamos en las páginas siguientes, realizadas por artistas plásticos renombrados, u otra que usted mismo haya elegido. En el caso de optar por alguna de las de este libro, consulte primero el texto que figura en el anverso de la figura, donde se especifica el objetivo para cual cada representación resulta más adecuada.

• Cierre los ojos e intente vaciar su mente de pensamientos. Concéntrese en el movimiento respiratorio, depositando su atención en el recorrido que efectúa el aire en el interior de su cuerpo con cada inspiración y exhalación.

• Recién una vez que se encuentre completamente relajado, abra los ojos y fije la mirada en el ángel o los ángeles que tiene frente a usted. Entréguese de lleno a la contemplación, procurando no pensar en ninguna otra cosa. Si siente necesidad de expresarse con palabras, reír o llorar, no se reprima. Si siente el impulso de tocar la imagen, hágalo.

• Permanezca en ese estado todo el tiempo que le resulte posible. Cuando "sienta" interiormente que la experiencia ha llegado a su fin, simplemente agradezca a los ángeles la paz, la calma y el bienestar espiritual recibidos, antes de abandonar el templo.

---

p. 213. El Greco
Anunciación, 1596-1600

Utilice esta figura en aquellas
meditaciones que
requieran la mediación de
un conjunto de ángeles.
En caso de que desee fijar la
mirada en un solo ángel,
concéntrese en aquél de
mayor tamaño, el que se
encuentra frente a la Virgen.

p. 215. Leonardo da Vinci
Anunciación (Detalle)

La figura de este ángel
resulta ideal para efectuar
meditaciones en procura de
paz y bendiciones para
nuestros seres queridos.

p. 215. Obra colectiva
**Cúpula de la Capilla de
San Marcos**, en Venecia
(Detalle)

Estos ángeles son los
guardianes de la paz.
Meditar con ellos
permite preservarnos de
personas inescrupulosas
que podrían herirnos.

---

p. 217. Zurbarán
Angel

Es oportuno meditar con
esta figura cuando
la inquietud y la ansiedad
son consecuencia
de una crisis interior.
Entonces, el ángel nos
devuelve la paz,
liberándonos de dudas y
sentimientos negativos.

p. 219. Johann Koerbecke
La Asunción de la Virgen
(Detalle), antes de 1457

Se aconseja emplear esta
representación en aquellas
meditaciones que, por su
contenido, requieran la presencia
de todas las jerarquías angélicas.

p. 219. Salvador Dalí
Obra de título desconocido
(Detalle), 1950

Por su apariencia femenina,
estas figuras resultan
adecuadas para efectuar
meditaciones cuyos propósitos
sean proporcionar calma y
regocijo espiritual a los niños.

---

p. 221. Tiziano
Asunción

En las meditaciones
realizadas con el objeto de
reponerse tras la pérdida
o el alejamiento de un ser
querido, es efectivo utilizar
esta representación
concentrándose,
especialmente, en los
pequeños ángeles que
sostienen a la Virgen y la
elevan hacia Dios.

Índice

TÍTULOS DE ESTA COLECCIÓN

100 Hechizos de Amor
Anorexia y Bulimia
Cábala al Alcance de Todos
Cómo Leer el Aura. *Orus de la Cruz*
Cómo Leer las Runas
Contador de Calorías
Diccionario de los Sueños
El Arte de la Guerra. *Sun-Tzu*
El Evangelio según el Espiritismo. *Allan Kardec*
El Libro de los Espíritus. *Allan Kardec*
El Libro de los Mediums. *Allan Kardec*
El Mensaje Oculto de los Sueños
El Simbolismo Oculto de los Sueños. *Zabta*
Esoterismo Gitano. *Perla Migueli*
Fe en la Oración. Ilustrado
Hechizos y Conjuros
Kama Sutra. Ilustrado. *M. Vatsyáyána*
Las Enseñanzas de la Madre Teresa
Las Profecías de Nostradamus
Los Planetas y el Amor
Los Secretos de la Bruja 1. Manual de Hechicería
Los Secretos de la Bruja 2. Manual de Hechicería
Los Sueños. *Morfeo*
Magia con Ángeles
Magia con Velas
Manual contra la Envidia. *Pura Santibañez*
Numerología al Alcance de Todos
Reencarnación y Karma. *Luciano Lauro*
Remedios Caseros
Salmos Curativos
Ser Chamán. *Ledo Miranda Lules*
Toco Madera. *Diego Mileno*

Impreso en los talleres de
Trabajos Manuales Escolares,
Oriente 142 No. 216
Col. Moctezuma 2a. Secc.
Tels. 5 784.18.11 y 5 784.11.44
México, D.F.